스피치 트레이닝과 면접실무

김수인 이수민 공저

양 성 원

머리말

'나의 목표는 명확합니다.'

현대사회의 구성원으로 살아가는 데 스피치는 큰 영향력을 가지고 있다. 스피치는 단지 말을 잘하는 것만이 아닌 논리적으로 설득하고 정확하게 전달해야 한다.

이 책은 단순히 말을 잘하는 것이 아니라 발표력을 향상하기 위한 방법과 방향을 제시하고, 취업면접에서 필요한 역량을 갖출 수 있도록 하였다. 단순히 문장만 외우고 발표하는 것이 아니라 스피치에서 자신에 대한 신뢰감을 이끌어 낼 수 있는 노하우를 담았고 쉽게 이해할 수 있도록 하였다.

저자는 면접위원으로 직접 채용에 참여하여 지원자들을 평가하며 느낀 점과 학생들을 지도하면서 필요한 사항과 아쉬운 점을 구체적으로 언급하였다. 면접자는 무한경쟁시대에 창의적이고 응용능력과 발전가능성을 갖춘 적극적인 인재로 성장할 수 있다는 것을 면접에서 증명하여야 한다. 또한 면접자가 원하는 기업에 지원하여 합격이라는 성공적인 결과를 얻기 위해 어떠한 방법과 어떠한 과정으로 얼마나 노력을 해야 하는지에 대해 면접관의 시각에서 도움을 주기 위해 이 책을 집필하였다.

이 책에서는 독자가 스피치트레이닝을 통해 면접 스킬을 익혀 성공적인 면접을 할 수 있도록 구성하였다.

part1은 스피치트레이닝 단계로 스피치의 필요성, 경청의 중요성, 발성과 발음을 학습한다.

part2는 상황별 스피치훈련과 논리스피치를 익히는 단계로, 생동감 넘치는 목소리, 1분 스피치 자기소개 기법, 전달력을 높이는 보이스 트레이닝을 익힌다.

part3는 성공면접을 위한 시각적 스피치와 프레젠테이션 단계로 시각적 스피치, 프레젠테이션 기법과 PPT 작성과 발표를 학습한다.

마지막 part4는 면접 스피치 실무 단계로 입사지원서 작성 준비와 면접답변을 위한 기초 다지기, 이력서/자기소개서와 입사지원서, 면접개요 등과 기출문제 완벽대비를 통해 서류작성과 면접에 대해 학습한다.

스피치트레이닝을 통해 지원자로서 자신에 대한 신뢰를 주는 성공면접을 할 수 있기를 바란다. 노력을 이기는 재능은 없고 노력을 외면하는 결과도 없으므로 끊임없이 노력하여 원하는 결과를 얻기를 바란다.

여러분의 꿈을 응원합니다. 여러분의 미래에 박수를 보냅니다.

끝으로 교재출간을 위해 도움을 주신 도서출판 양성원 대표님과 직원 분들께 진심으로 감사드립니다.

2025년 1월

저자 일동

차례

PART 4

면접 스피치 실무

PART 1

스피치트레이닝

Chapter 01 스피치 필요성

Chapter 02 경청의 중요성

Chapter 03 발성과 발음

Chapter 01

스피치 필요성

학습목표

1. 커뮤니케이션 발표력의 중요성
2. 스피치 지수 체크리스트를 통해 발표불안감을 측정
3. 스피치 불안감 극복방법을 위한 요소 찾기

1. 커뮤니케이션과 발표능력, 스피치 불안감

현대 사람들은 성공적인 삶을 살고 남들보다 경쟁에서 우위에 서기 위해 원활한 의사소통을 하려고 한다. 여기에 젊은이들은 인생의 첫 관문이라 할 수 있는 대입 시 자신이 왜 이 대학에서 공부를 하려는지 또는 면접관의 질문에 자신의 생각을 조리 있게 표현하기 위하여 학교나 전문 스피치 학원에서 말하는 기술이나 표현력을 배우는 상황이다. 특히, 최근에는 어린이들까지 반장 선거 또는 전교 어린이 회장 선거에서 좋은 결과를 얻기 위해 키즈 스피치 및 기본적인 아나운서 스피치 등을 각종 문화센터나 전문 스피치 교육기관에서 배우고 있다. 하지만, 대부분의 사람들이 스피치 교육의 중요성과 필요성을 느끼고는 있지만 어떻게 하는지 많이 불안해하고, 초조해하고 있으며, 특히 발표할 상황이 생기면, 긴장을 하고 어떻게 그 상황을 헤쳐 나가야 할지 몰라서 스피치 교육을 받으려는 사람들이 늘고 있는 실정이다. 이러한 스피치 교육의 필요성이 대두되는 시점에서, 발표불안증에 시달리고 있는 사람들이 어떤 식으로 교육을 받아야, 스피치 교육의 극대화에 미칠 수 있는지 여러 연구에서 논의된 바 있다.

현대 사회에서는 스피치의 중요성이 날로 커지고 있다. 사람과 사람 사이에 커뮤니케이션이 얼마나 중요한지에 대해서 논한다면, 자신의 의견을 피력할 수 있는 소통창구가 바로 스피치이기 때문이다.

어떤 이들은 스피치를 단순히 발표라고 생각하기도 한다. 틀린 말은 아니지만, 요즘 스피치는 통합 커뮤니케이션으로 보아야 할 필요성이 있다.

크게 두 가지로 나눈다면, 언어적 요소와 비언어적 요소로 나눌 수 있다.

언어적 요소는 말 그대로 언어로서 전달되는 소리의 영역이다.

스피치를 하려면 커뮤니케이션으로 불리울 수 있는 대화나 발표로 생각이 들텐데, 단어나 문장을 이용해서 나의 목소리로 말하는 것이다. 그 안에 세부적으로 들어가면 발성과 발음으로 나눌 수 있다. 발성과 발음편은 [Chapter 03 발성과 발음]에서 자세히 살펴보도록 하자.

그리고 비언어적 요소는 말하는 사람(화자)의 태도, 아이컨택, 바디랭귀지, 제스처 등을 뜻한다. 그렇다면, 왜 이렇게 언어적인 요소와 비언어적 요소로 크게 두 가지로 나누는 것 일까?

스피치는 말만 유창하게 잘한다고 스피치를 잘한다라고 표현하지는 않을 것이다.

코로나 이후로 우리는 온라인 수업에 익숙해져 있지만 zoom과 같은 온라인 접속으로 수업을 하는 경우나 수업 들었을 경우 화면이 켜져 있으면서 함께 눈을 맞추며 수업에 임하는 것과 다르게, 화면을 끄고 말하는 화자 혼자 수업을 이끌어 가거나 발표를 했을 시 혼자 유튜브 동영상을 촬영하는 기분이 들고, 답답하고 외롭기까지 한 경험들이 있을 것이다.

이것은 말하는 화자가 비언어적인 요소를 보여 주는데 듣는 청자는 호응이 없는 데서 문제가 발생하는 것이다.

그래서 언어적 요소와 비언어적 요소가 적절하게 이루어져야 진정한 스피치가 완성되고 더 나아가 풍부한 커뮤니케이션을 할 수 있다.

다음은 스피치를 잘하고 싶은 사람들을 위해서 스피치 지수를 준비해보았다. 당신은 몇 개가 해당되는지 꼼꼼히 살펴보자.

〈스피치 지수 체크〉

1. 말이 밋밋하지 않고 리듬이 있는 편이다.

2. 사투리나 속어를 쓰지 않고 표준말을 사용한다.

3. 상황에 따라 높임말을 잘 사용하는 편이다.

4. 대화를 나눌 때 상대의 눈을 바라본다.

5. 상대방의 말을 경청하는 편이다.

6. 다른 사람에게 말하는 것이 두렵지 않다.

7. 다른 사람들로부터 목소리(음성)가 좋다는 말을 종종 듣는다.

8. 정확한 발음으로 말소리를 낸다.

9. 말의 속도가 너무 빠르지도 느리지도 않다.

10. 목소리의 높이가 너무 가라앉지도 들뜨지도 않은 중저음이다.

스피치 지수 체크 결과

- 1~3개 선택: 스피치를 위한 기초단계부터 차근차근 밟아 나가도록 해야 합니다.
- 4~8개 선택: 신뢰감 있는 음성과 세련된 화법을 익히는 데 노력을 해야 한다.
- 9~10개 선택: 훌륭하다. 멋진 목소리와 매력있는 화법의 소유자다. 더욱 전문가와 같은 완벽한 스피치를 위해 꾸준히 노력하라.

다음은 스피치에 관한 불안감 체크요소이다. 한번 각자 체크해 보자.

스피치 불안감 체크요소

〈각자 체크해 봅시다.〉

1. 다른 사람과 대화 시 작은 소리로 중얼거리며 말끝을 흐리게 된다.
2. 말을 할 때 횡설수설하게 되고 자주 할 말을 잊어버린다.
3. 자신의 말에 설득력이 없어 상대로부터 무시되는 경우가 많다.
4. 언제나 상대를 의식하며 나를 어떻게 생각할까 두려워 정작 할 말을 못한다.
5. 일대일로는 말을 잘하나, 윗사람이나 여러 사람 앞에서는 말이 막히고 더듬는다.
6. 여러 사람들 앞에서 발표할 상황이 생기면 어떤 핑계를 대서라도 그 자리를 모면하려고 하며 침묵만 지킨다.
7. 발표 시 긴장하면 몸이 뻣뻣해지고 심장이 쿵쾅거리고 침이 마르며 손발이 떨린다.

이러한 요소에서 1~2번은 대화의 습관에 해당이 된다.

작은 소리로 이야기를 하거나 중얼거리며 말끝을 흐리게 되는 경우는 평소 말하는 습관이라고 할 수 있다.

3~4번은 심리적인 요소가 작용이 된 것이다. 과거의 상대로부터 무시당한 경험이 트라우마로 작용해서 계속되는 경우가 있고, 창피를 당한 경험 때문에 자꾸 주눅이 들어 남을 의식하는 경우일 수도 있다.

또한 5~7번은 기술적인 요소로 설명할 수 있다. Chapter 2에서 배울 발성과 발음편에서 그 해법을 살펴볼 수 있는데 우선 큰 목소리를 낼 수 있도록 복식 발성을 익히고 아이컨텍을 하면서 불특정 다수 앞에서 자꾸 많이 말하는 연습을 해야만 극복해 낼 수 있다.

우리는 왜 이렇게 스피치를 잘하고 싶어 하고 잘해야만 하는 걸까? 남들 앞에서 자신의 의견을 자신감 있게 말하고 싶어 하지만 너무나 떨리고 울렁증이 있어서 선뜻 나서지 못하는 사람들이 있다. 그런 분들을 위해서 불안감을 떨치기 위한 팁을 드리고자 한다.

〈불안감 떨치기〉

1. 엄지와 검지를 세게 쥐었다가 풀어 주는 연습이나 양손을 꽉 쥐었다가 풀어 주는 연습을 5초 동안 해 본다.
2. 스피치 전에 목소리를 관리하는 것이 좋다. 이것은 목소리의 발성과 연습을 하는 것을 말한다.
3. 무대에 올라서 청중과 눈을 맞추며 미소를 짓는다.
4. 스피치의 시작을 자신과 관련된 이야기로 시작하는 습관을 가지는 것도 좋다.
5. 늘 철저히 준비하고 연습해야 한다.
6. 스피치 불안감이 커지면 스크립 카드를 사용하라.
7. 크게 말하고 천천히 말하는 습관을 가져야 한다.
8. 스피치의 시작을 유머로 하는 것도 스피치 불안감을 줄이는 방법이 된다.
9. 스피치를 할 때 부정적인 생각은 절대 하지 말거나 피해야 한다.
10. 처음부터 스피치를 암기하는 습관은 그리 좋지 않다. 목차를 미리 작성하고 그에 따라 스피치를 하는 것도 좋은 습관이다.
11. 스피치 전에 눈을 감고 잠시 명상을 하는 것도 스피치 불안감을 줄이는 한 방법이다.

많은 스피치 불안감 극복 방법 중에서 가장 중요한 것은 철저한 준비와 연습이라는 사실을 잊어서는 안된다.

스피치 교육이 발표력과 발표 불안감에 도움이 될지 많은 분들이 궁금해 할 것이다.

물론 도움이 된다. 성격적 특성을 중심으로 살펴본 연구를 보면, 스피치 교육을 받고 난 후 발표불안감이 감소된 결과를 나타낸 실험이 있었다.

소극적인 사람이 스피치 교육을 받은 후 언어적 요소와 비언어적 요소인 발표능력과 발표불안증에 어떤 영향을 미칠까? 스피치 교육은 '성격특성에 따라 발표능력과 발표불안증에 어떻게 차별적으로 영향을 미치는가?'를 연구해 본 논문을 살펴보았다. 연구결과, 스피치 교육은 발표능력, 즉 언어적 요소와 발표불안증에 어떤 영향을 미치는지에 대해, 스피치 교육 여부에 따라 발표능력(언어적 요소)과 발표불안증에 유의미한 차이를 보였다. 스피치 교육을 받기 전 성격요소 중 성실성, 개방성이 높은 사람이 외향성과 신경증, 친화성이 높은 사람들보다 스피치 교육을 받은 후 언어효과, 비언어효과에서의 교육 효과가 상대적으로 크게 나타남을 알 수 있었다. 성실성이 높은 사람이 스피치 교육을 받은 후에 언어와 비언어 효과에 유의미한 차이를 보였음을 알 수 있었다는 논문도 찾을 수 있다(이수민, 2014).

소통에 있어서 가장 중요한 것은 상대방의 의견을 잘 들어주는 것이고, 또한 의사소통능력이 뛰어난 사람이 스피치 교육을 받은 후의 효과가 더 커진다고 말할 수 있다. 커뮤니케이션 능력은 사람들과 상호작용을 위해서라도 반드시 필요한 기본 능력인데, 특히 사람들과의 수많은 커뮤니케이션 과정에서 커뮤니케이션 기술이라고 일컬을 수 있는 커뮤니케이션 능력이 부족한 사람에게 비언어적 커뮤니케이션은 자신의 의사를 상대방에게 명확하게 전달할 수 있는 중요한 수단이 될 수 있다(이병혜, 2008). 인간이 커뮤니케이션을 수행하는 과정에서 언어적 요소에의한 방법보다는 비언어적 요소에 의한 방법에 의존하며, 그 효율성들 사이에서 제기되기도 하였다. 미국의 심리학자 메리비안(Mehrabian, 1971)도 메시지 전달과정에서 말(verbal)의 활용은 약 7%, 음성(voice)은 약 38%, 몸짓 및 표정 등은 약 55% 정도의 비율로 이루어진다고 하여 언어적 요소에 의한 커뮤니케이션보다는 비언어적 요소에 의한 커뮤니케이션이 매우 자주 이루어지고 있음을 알 수 있다. 그래서 더욱더 스피치 교육과 훈련이 학생들의 커뮤니케이션 능력을 향상시키는 데 효과가 있다는 점은 분명하게 나타낼 수 있다.

커뮤니케이션 능력이 지식, 스킬, 실행을 동시에 포함한다는 점, 후천적으로 발현되는 상황 의존성을 갖는다는 점, 타인과의 협력적 관계를 유지하기 위해 적절한 융통성이 필요하다는 점은 바로 이러한 커뮤니케이션 스피치 능력이 후천적으로 만들어진다는 것을 보여 준다. 이러한 측면에서 커뮤니케이션 능력을 향상시킬 수 있는 교육의 필요성이 대두되는 것이다(장해순, 강태완, 2004).

우리가 발표를 하려고 할 때나 준비가 되지 않은 상황에서 누군가 발표를 시킬 때 사람은 불안감을 느낄 수 있다. 이러한 불안감은 다양한 의사소통 상황을 회피하거나 두려워하며 수줍어 하고 자발적으로 참여하지 않는 기질과 행동을 보여 주기도 한다(Spitzberg & Cupach, 1989). 이는 과도한 땀, 뻣뻣한 자세, 떨리는 목소리, 머뭇거림, 긴장된 목소리, 불안한 아이컨텍, 불필요한 몸의 움직임과 같은 언어적, 비언어적 행동을 통해 드러난다.

이처럼 불안감은 의사소통능력과 기술의 향상을 저해하여 결과적으로 부정적인 커뮤니케이션 정서를 형성하고 자신감을 떨어뜨린다. 실제로 많은 연구에서

의사소통능력이 있는 사람들은 불안감을 덜 느끼거나 커뮤니케이션을 하려는 동기가 강하고 사교성, 침착성, 외향성, 사회적 매력 면에서 더 긍정적으로 지각되었다고 연구되어 왔다(McCroskey & Richmind, 1976).

대부분의 직장인들이나 대학생들은 본인이 준비하지 않은 낯선 시나리오나 낯선 환경에서 발표하는 상황에서, 두려워하며 수줍어하고 자발적으로 참여하지 않는 기질과 행동을 보인다. 특히, 손발이 떨리거나 경직된 어깨, 자연스럽지 못한 아이컨텍과 기어 들어가는 목소리에서 겉으로 나타나는 발표불안증이 발현된다.

대중연설에서 흔히 무대 공포증으로 불리는 스피치 불안감은 상태불안의 한 예로서 개인이 다른 사람들과 실제로 상호작용을 하거나 미래에 의사소통을 할 것이라고 예상하는 경우 느끼게 되는 공포나 불안의 정도를 의미한다고 연구되어 왔다(McCroskey, 1970; 범기수, 김은정, 유가기, 정혜진, 2009).

스피치 교육을 받기 전보다 교육을 받은 후에 커뮤니케이션 능력이 향상되고 불안감이 감소하며 스피치 교육을 받기 전 커뮤니케이션 능력이 낮고, 커뮤니케이션 불안감을 높게 가지고 있던 학생은 그렇지 않은 학생들보다 커뮤니케이션 능력이나 불안감에서의 교육 효과가 상대적으로 크게 나타났다. 즉, 커뮤니케이션 능력이 낮은 학생일수록 불안감의 감소 폭이 크게 나타났다.

2. 성격적 특성 요소

개인의 의사소통 행위는 그들이 속해 있는 사회 · 문화적인 상황과 개인의 성격에 의해 영향을 받는다. 특히 한국인은 서양인들에 비하여 타인 지향적이며, 감정적이고, 침묵적이며, 자기억제적인 성향이 강하여 대화 양식이 주관적이며 비합리적, 수동적, 비언어적인 경향이 강한 것으로 나타났다(문묘순, 1988; 서하석, 1989; 안성경, 허경호 2003). 한 개인의 의사소통 행위를 사회 · 문화적 요인만으로 이해하는 것은 불충분하며, 이를 보완하기 위해서는 인간의 내적 상황인 개인적 특성을 이해하는 것이 중요하다.

개인적 특성 변인으로서 성격(Personality)은 욕구나 감정 등의 변수와는 달리 일시적으로 변화하지 않고 어느 정도 지속적이고 안정적인 측면이 있기 때문에 인간 행동을 예측하고 설명하는 데 적절하다(주용준, 2000).

의사소통능력에 대한 정의는 인지적 혹은 행동적인 차원으로 파악하는 것, 장기적인 성향 혹은 단기적인 상태로 파악하는 것, 언어적 능력, 대인적 능력 혹은 관계적 능력으로 파악할 수 있다(장해순, 2003). 이 같은 다양한 관점만큼, 의사소통 능력이라는 용어도 대인관계능력(interpersonal communication), 의사소통능력(communication competence), 사회적 능력(social competence), 관계적 능력(relational competence) 등으로 다양하게 사용되고 있다(Spitzberg & Cupach, 1989).

3. 말을 잘하고 싶은데 자신감이 없는 이유

8살인 초등학교 1학년부터 80대 어르신까지 두루 다양한 연령대의 수강생을 만나고 있는 나는 말하기에 있어 자신감이 없는 사람들의 공통점을 발견하게 되었다.

자신감은 타고나는 것이냐고 묻는 수강생들이 얼마나 될까? 정식 수업을 신청하기 전 상담 때 10명 중 8명은 그렇게 물어본다. 80% 이상이 '자신감은 타고나는 것이죠?'라고 말이다.

그러면 나는 '그렇다 아니다라고 말씀은 못드리겠다. 왜냐면, 타고나는 사람도 있고 그렇지 않은 사람은 피나는 연습의 결과로 자신감 있게 말하는 것이다'라고 말씀드린다.

그리고 곧바로 '교수님도 처음부터 자신감이 있었죠?'라고 물어본다. 그러니 스피치 학원을 운영하면서 교수로 연단에서 학생들을 만나지 않느냐고 질문한다. 하지만, 나도 처음부터 자신감 있게 말하지 못했다. 현재도 내가 아는 분야에서 내가 발표하려는 순간은 자신감 있게 하지만 낯선 지식을 요구하는 만남의 장이나 회의에서는 꿀 먹은 벙어리로 듣기만 할 때가 있다.

그래서 다음과 같이 세 가지로 자신감이 없는 이유를 찾아내어 자신감 있게 말하게끔 하는 팁을 드리고자 한다.

1) 정답만 말하려는 압박감

아이부터 어른까지 이기는 게임을 하고 싶기 때문에 자신감을 발휘하지 못한다고 생각한다.

즉, 정답만 말하려는 압박감, 정답만 말하고 싶은 마음이 자신감을 방해한다.

물론 정답, 해답을 말하는 것은 청자를 위해서 정말 좋은 습관이다. 하지만 정답만 말하려고 한다면 이 세상에서 과연 몇 퍼센트의 사람들만 말을 할 수 있을까? 아마 50%인 절반의 사람도 발표, 의견 제시, 대화를 하지 못 할 것이라고 생각한다. 세상에는 정답이 정해진 것도 있지만 정해지지 않은 것도 있다.

자신의 의견을 근거에 맞춰서 말할 수 있어야 한다. 정해진 매뉴얼대로 말하는 연습 물론 중요하지 않은 것이 아니다. 하지만, 짜여진 각본대로만 한다면, 그 압박감에 더 주눅이 들어 말을 못하게 될 것이다. 그래서 정답이 아닌 최선의 의견으로 이야기하는 습관을 들여 보자.

① 일단 정해진 매뉴얼이 있다면 최선을 다해 매뉴얼 숙지를 하자.
② 하지만 정해진 각본대로 써서 그대로 외우려고 하지 말자.
③ 키워드 나열법으로 중요한 순서만 암기하자.
④ 자신의 경험이나 의견을 곁들여 이야기해 보자.

2) 남들이 나를 어떻게 생각할지에 대한 시선(눈치) –세대별 정리–

한국에 사는 대부분의 성인들이 말을 잘하고 싶으나 못하겠다고 하는 이유는 '유교적인 사상'으로 어릴 때부터 밥상머리 교육을 받았던 시절의 부모님 밑에서 자랐기 때문일 것이다.

소위 세대별로 분류하자면 1955년~1974년 출생한 베이비붐 세대부터 1996년부터 2010년생 출생한 잘파 세대까지 다양한 세대들이 있다.

베이비붐 세대에 태어난 베이비 부머들의 공통점은 전쟁으로 망가진 국가의 재건을 책임졌다는 것이다. 그 과정에서 한국은 경제발전을 위해 도시화와 생산 능력의 강화를 추구했고, 이런 상황 속 정보화 능력주의 사회를 체감한 세대라고 하는데 이때부터 자녀들의 교육에 집착하게 되었다고 한다.

다음은 1970년대에 출생한 X세대이다. 90년대 학번이라 불리는 97세대, 497세대와 같이 불리기도 하다. X세대는 한강의 기적으로 일컬어지는 고도의 경쟁 성장 상황 속 자라 왔다. 구 세대와 달리, 청소년이나 20대 때 정치적, 경제적, 사회적, 문화적 풍요를 동시에 누린 세대이기도 하다. 하지만 IMF를 경험하며 한편으론 삼포세대의 시작점이 된 시기이기도 하다. X세대는 취미나 자기 계발과 같은 개인의 취향에 관심을 가지는 사람이 늘어난 세대이다.

다음은 요즘 시대에 결코 빼놓을 수 없는 2000년대 성인인 밀레니얼 세대이다.

새천년이 시작되는 초기 2000년대에 성인이 된 세대를 말한다.

또한 1946~1964년생의 베이비부머들이 자녀를 출산하여 생기는 에코 현상이 나타났기에, 에코부머라고 부르기도 한다.

밀레니얼 세대는 X세대와 Z세대 사이의 인구통계학적 집단이다. 일반적으로 1981년부터 1996년까지 출생한 사람으로 정의한다. 전기 밀레니얼(1981년~1988년)과 후기 밀레니얼(1989년~1996년)로 구분하기도 한다. 대부분의 밀레니얼 세대는 베이비붐 세대와 초기 세대의 자녀들이다.

밀레니얼 세대는 전 세계적으로 출산율이 감소하는 시기에 태어났으며, 이전 세대들보다 더 적은 수의 자녀를 두고 있다.

밀레니얼 세대는 최초의 글로벌 세대이자 인터넷 시대에 성장한 첫 세대로 묘사되어 왔다. 이 세대는 일반적으로 인터넷, 모바일 장치 및 소셜 미디어의 사용 증가와 친숙함을 특징으로 들 수 있으며, 이러한 이유로 디지털 원주민이라고 불리기도 한다. 전 세계의 밀레니얼 세대는 직장 생활을 시작한 이후 상당한 경제적 혼란을 겪었다. 많은 세대들은 대공황의 여파로 노동 시장에서 초기에 높은 수준의 청년 실업에 직면했고, 10년 후 2020년에 코로나 19 유행으로 인해 또 다른 불황을 겪었다.

다음은 1997년부터 2012년 출생한 Z세대이다.

Z세대는 대략 1997년부터 2012년 사이에 태어난 사람들을 말한다. 이 세대는 디지털 네이티브 세대로 불리며, 어릴 때부터 인터넷과 스마트폰 같은 디지털 기기를 자연스럽게 사용해 온 특징이 있다. 주요 특징으로는 다음과 같다.

① 디지털 친화적: Z세대는 페이스북, 유튜브, 인스타그램, 틱톡 등 다양한 소셜 미디어 플랫폼을 적극적으로 사용한다.
② 다양성 존중: 이 세대는 다양한 문화와 배경을 존중하며, 사회적 이슈에 대한 관심이 높다.
③ 개인화된 경험 선호: 개인의 취향과 필요에 맞춘 맞춤형 콘텐츠와 서비스를 선호한다.
④ 경제적 실용성: 경제적 안정과 실용성을 중시하며, 합리적인 소비를 추구한다.

Z세대는 밀레니얼 세대와 알파 세대의 사이에 있는 인구통계학적 집단이다. 연구원들과 대중 매체들은 1990년대 중후반과 2000년대 초반 출생자를 Z세대로 본다. Z세대의 구성원들은 대부분 X세대의 자녀들이다.

Z세대는 어릴 때부터 인터넷과 휴대용 디지털 기술에 접근하여 성장한 최초의 사회 세대로서 디지털에 정통하지 않더라도 "디지털 원주민"이라고 불렸다. 또한 스크린 타임이 어린 아이들에 비해 청소년들에게 미치는 부정적 영향이 가장 뚜렷하다.

각 세대별로 특징을 살펴보았다. 각각의 세대들 사이에서도 서로의 눈치만 보고 자신의 의견을 피력하지 못하는 것은 아무래도 각자의 입장과 상황을 몰라서 그럴 수도 있고 오히려 모르기 때문에 더 함부로 말과 행동을 할 수도 있을 것이다. 분명한 것은 이제는 자신의 의견을 정중한 자세에서 조심스럽게라도 내비칠 필요는 있다는 것이다. 지금 세상에서는 남이 나를 알아 주기보다는 내가 나를 어필해야 살아남는 세상이기 때문이다.

4. 지식과 경험 부족

지식과 경험이 부족한 것은 시간이 흐른다고 해결할 수는 없다. 말을 잘하고자 하는 사람들의 대부분의 욕구는 어떤 상황에서라도 어떻게든 말을 잘하고 싶다는 것이다. 하지만 말 주머니에 담길 말할 거리와 배경지식이 있어야 말을 잘할 수 있다. 아무런 배경지식이 없고 경험이 없이 막무가내로 아무 말이나 할 수는 없는 노릇이다.

그래서 지식과 경험을 풍부히 쌓아야 한다. 예를 들어, 경험은 100%는 아니지만 나이에 비례한다고 볼 수 있지만 지식은 책을 통해서 쌓을 수 있다. 독서를 통해서 말할 거리를 늘릴 수도 있다. 일주일에 한 번씩 독서모임에 참여한다고 하자. 그럼 독서모임에서 발표를 앞두고 있는 사람은 타인들에 비해 더 꼼꼼하게 정독하고 중요한 포인트만 정리해서 발제문을 만들고 팀원들에게 배포할 것이다. 이렇게 준비한 사람은 발표를 할 때 말할 거리를 준비하고 연습까지 했을 것이기에 더 발표를 잘할 수 있다.

(1) 지식을 쌓기 위해서는

① 독서

② 신문이나 검색

③ 전공 서적 등 검색

(2) 경험을 쌓기 위해서는

① 여행

② 파트타임이나 아르바이트

③ 다양한 사람들과의 만남

④ 사회에서의 타 집단들과의 교류

생각해 봅시다

1. 말을 잘하기 위해서 당신은 어떤 노력들을 하나요?
2. 스피치 지수 체크리스트를 통해 당신은 어떤 사람이라고 생각하나요?
3. 발표불안감을 떨치기 위한 노력들에는 어떤 것들이 있을까요?

경청의 중요성

학습목표

1. 경청의 장애요소를 살펴볼 수 있다.
2. 경청 스킬을 배워 볼 수 있다.
3. 커뮤니케이션 화법을 익힐 수 있다.

Chapter
02

스피치를 잘하기 위해서는 말을 잘하는 것도 중요하지만, 송신자가 있다면 수신자도 있기 마련이기에 듣는 것도 중요하다. 송신자와 수신자 사이에 커뮤니케이션이 작용하기 때문이다.

스피치의 고수들은 경청을 잘한다. 왜냐하면 상대방의 의견을 잘 들어야만 그 상대방의 원하는 답이나 상대방에게 꼭 필요한 답을 해 줄 수 있기 때문이다.

10여 년전 어린이 스피치 대회를 개최한 적이 있는데, 모든 참가자들에게 수상의 기쁨을 만끽해 주고 싶어 여러 상장의 이름들을 정해 본 적이 있었다. 최우수, 우수, 장려, 발표상 등 그런데 경청을 잘하는 참가자도 나는 중요하게 생각하여 굿리스너상도 제작을 하였다.

본인의 발표순서가 끝나면 다른 참가자들의 발표도 들어주면 더욱더 성장하는 대회가 되지 않을까 생각하여 여러 상장의 이름들을 몇 일 전 대회 조직 위원들과 함께 미리 생각을 나누었고 실행해 옮겼지만 굿리스너상을 받은 아이의 학부모님께서는 “우리 아이가 말을 잘하려고 나왔는데, 경청상이라니 우리 아이가 발표를 그렇게 못했나요?”라는 푸념을 늘어놓으셨다.

물론 큰 상을 받지 못해 속상할 수 있는 부모의 마음은 알겠지만 굿리스너 경청상이라는 것은 다음 대회를 준비할 때 그 아이는 다른 참가자들의 발표력, 언어적, 비언어적 요소를 다 두루두루 경청했기 때문에 훨씬 더 성장할 수 있는 잠재력이 있다는 것인데, 이렇게 깊은 뜻을 이해하지 못해 아쉬운 마음이 들었던 것은 사실이다.

어찌 됐든 경청은 살아가면서 더욱더 중요하다. 경청을 잘하기 위해서는 늘 좋은 기억력이 뒷받침되어야 한다. 하지만 본인 스스로 생각했을 때 기억력이 부족할 때는 메모하는 습관이 본인의 경청능력을 향상시켜 줄 것이다.

1. 커뮤니케이션의 장애요인

1) 변화를 무시한다

주위 환경이나 패러다임 등이 변하고 있는데도 자기 경험만을 고집하고 타인의 정보 제공에 귀를 기울이려고 하지 않고 계속 자기 고집과 주장만 펼치려고 한다.

2) 자기중심적이다

메시지를 전달함에 있어 커뮤니케이션이란 '상대방에게 자기의 입장이나 생각을 일방적으로 전하고, 상대방에게 자신의 사고방식이나 생각을 강요하는 것'이라고 생각하는 경우 커뮤니케이션은 실패하며 장애요인으로 작용한다.

3) 말이 갖는 의도와 의미를 해석하지 않는다

말이라는 것은 같은 말을 사용하더라도 사람, 장소, 상황에 따라 달라진다. 말하는 사람의 태도나, 발음, 말투, 화술의 부족 등으로 말하는 의도나 메시지가 전달되지 못하고 왜곡되어 상대방이 의도하는 의미를 제대로 파악하지 못하는 경우가 발생한다.

4) 마음을 열지 않고 제대로 잘 듣지 않는다

상대방의 이야기를 상사의식을 가지고 듣거나 방어적으로 듣는다. 자신의 틀에 사로잡혀서 상대방에게 수용하려는 자세를 취하지 않는다. 자기가 하고 싶은 이야기만을 하고 상대방의 이야기는 잘 들으려고 하지 않는다. 커뮤니케이션 성공의 포인트는 잘 듣는 데 있다. 말하는 것에 30%, 듣는 것에 70%를 쓰라고 한다. 인간관계를 형성하는 과정에서 효과적인 커뮤니케이션을 하기 위해 조용한 장소를 선택하여 잡음을 만들지 않는 물리적 환경의 조성도 무시할 수 없다.

2. 의사소통의 걸림돌

주변에 고민이 있는 사람과 이야기할 때, 나름대로 열심히 듣고 안타까운 마음에 성심껏 이야기를 했다고 생각했는데 상대방 반응이 시큰둥할 때가 있다. 혹은 반응이 별로거나 내 기분이 별로라고 생각이 들 때도 있다. 이럴 때는 혹시 내가 의사소통의 걸림돌을 쓴 것은 아닌지 생각해 보아야 한다. 말해 주는 사람은 애써서 해 주는 것이지만 듣는 사람에게 도움이 되지 않거나, 어쩌면 말해 주는 사람의 잘난 척 정도로 이해되어 버리지 않기 위해서 확인해야 할 포인트이다.

1) 해결책

"이렇게 해 보면 어때?" "이렇게 해 봐."

상대가 힘들어하는 고민을 이야기할 때 나름의 해결 방법을 제시해 주는 경우가 많다. 이것은 상대의 상황을 안타깝게 여겨 나름 도와주고 싶고, 이렇게 하면 문제가 해결될 것 같아 제시해 주는 것이기도 하다. 그런데 이런 마음이 무엇이 잘못일까? 해결방법을 제시받았을 때를 생각해 보면 이해가 될 수 있다.

친구와의 불화나 직장 상사와의 고민을 이야기했을 때, '헤어지는 게 좋겠다. 그런 사람은 안 만나는 게 좋아.'라거나 '회사 그만두고 딴 회사가 가.'라는 말을 들었다고 치자. '말이 쉽지. 현실적으로 그게 쉽냐고'라는 마음에 반발심이 생길 수도 있다.

무엇보다도 해결책을 제시하는 사람은 무언가 방법을 아는 사람이고 듣는 사람은 방법을 모르는 사람 같은 느낌이 든다는 것도 해결 방법이 걸림돌로 작용하게 되는 이유가 되기도 한다. 어떤 사람은 나는 지금 해결책을 원하는 것이 아니라 내 힘든 마음을 이야기하고 싶은 것이라고 생각할 수도 있다. 그래서 상대가 정말 해결 방법을 원하는 것인지 잘 살피고, 또 자신이 제시하는 해결 방법을 강요하지 않는 선에서 해결 방법을 제안하는 것이 좋다.

2) 명령형보다는 청유형

상대방에게 "야. 이거 너가 해야해!", "이거 대신 해 줘." 등 상대방에게 이래라 저래라 하는 말들이 명령의 한 종류이다. 명령은 자신의 의사와 상관없이 이행해야 하는 것이다.

상하관계나 서열의 개념은 약해지고 있는 것이 우리 사회의 변화이다.

소위 꼰대로 불리는 '라떼는 말이야'를 말하는 상사 나이대와 MZ세대를 넘어 잘파세대로 흘러가는 요즘 '네?', '제가요?', '왜요?'를 말하는 젊은 세대들에게는 명령조로 대화를 나누기는 어렵다.

그래서 항상 우리는 대화 시 나이에 상관없이 명령형보다는 청유형으로 표현하도록 하고 내 말에 대한 상대방의 반응을 살펴보면서 대화하는 것이 갈등을 줄일 수 있는 요소가 될 것이다.

3) 충고

"너는 그게 잘못이야. 이렇게 했어야지. 정신 똑바로 차려."

충고는 명령보다는 상대를 도와주려는 태도가 담겨 있는 전달방식이다. 어려움에 처한 이를 도우려는 마음으로 이야기하는 것인데 충고가 도움이 될 때도 있지만 그렇지 않고 더 힘들게 느껴질 때도 있다. 그렇다면 어떨 때 충고가 도움이 될까.

예를 들어, 친구가 "나 요즘 다이어트하는데 살이 잘 안 빠져."라고 한다면 "너는 맨날 다이어트한다면서 밤에 뭘 먹으니 살이 빠지겠냐?" "운동을 안해서 그래. 운동 좀 하면서 살을 빼."라고 한다면 살을 빼려고 노력하고 있는데 뭔가 혼나는 기분만 들 수 있을 것이다. 이럴 때는 "나는 OO식 다이어트를 해 봤는데 효과를 봤어. 이런 식으로 하는데 좋더라고."라고 이렇게만 상대방에게 자신의 의견을 피력한다면 듣는 사람이 알아서 좋은 정보를 얻어 취사 선택을 할 수 있기에 서운한 마음과 오해가 생기지 않을 수 있을 것이다.

4) 빈정대기

"네가 하는 게 그렇지 뭐." "내 그럴 줄 알았다."

이런 빈정거림을 듣는다면 어떤 기분일지 설명하지 않아도 누구나 안다. 비꼬기 혹은 빈정거림은 대놓고 말하는 지적이나 반대 의견보다도 더 기분을 상하게 하기도 한다. 듣는 이를 존중하지 않고 무시하는 태도가 바탕에 깔려 있기 때문에 듣는 이에게 수치심을 불러일으키게 하기도 한다. 인간의 존재에 대한 부정적인 평가로 인해 생겨나는 수치심은 모욕감까지 불러올 수도 있기에 빈정거림은 어느 경우에도 피해야 할 것이다.

어떤 경우라도 상대방을 기분 나쁘게 하는 말은 피하고 대신 상대방이 왜 그러는지에 대해 그 상황에 대해 물어보고 이해해 보려고 노력하는 것이 필요할 것이다.

메모를 잘하는 팁

1. 3원칙을 적어라(주제가 무엇인가 What, 누가 말할 것인가 Who, 어떻게 말할 것인가? How).
2. 6하 원칙을 생각하라(언제, 어디서, 무엇을, 누가, 어떻게, 왜)
3. TPO(시간, 장소, 상황)을 생각해 보자.
4. 사람들의 이름을 적어서 기억하자.

3. 경청 스킬

효과적인 경청을 위해서는 말하는 스킬만큼이나 듣는 경청 스킬도 중요함을 잊어서는 안된다. 상대방이 진정으로 말하고자 하는 요점을 정확히 파악하며, 말하는 사람에게 최대한 동화될 수 있도록 상대방의 입장을 이해하면서 이야기를 들어야 한다.

1) 1, 2, 3 기법

자신은 1(한)번만 말하고, 상대방의 말은 2번 들어주고, 3번 맞장구를 친다.

상대방의 생각이나 주장, 요구를 일단 인정하고 동의할 수 있는 부분을 찾아가며 듣고 난 후에 자신의 생각이나 주장을 요구한다.

2) Family 법칙

상대방의 이야기를 중도에 끊거나 가로채지 않는다.

상대방의 생각이나 주장, 요구를 일단 인정하고 동의할 수 있는 부분을 찾아가며 듣고 난 후에 자신의 생각이나 주장을 요구한다.

- Friendly 친절하게 경청
- Attention 집중하며 경청
- Me, too 공감하며 경청

- Interset 관심을 가지고 경청
- Look 바라보며 경청
- You are centered 상대방을 중심으로 경청

3) BMW 기법

상대방이 이야기하고 있을 때 섣부르게 지레짐작하거나 주관적 판단을 금한다.

상대방이 말하는 속도에 자신의 사고력과 이해를 맞추려고 노력하며, 이해하지 못한 것은 질문을 통해 반드시 이해하며 듣는다. 특히 전문용어나 개념이 납득이 되지 않으면 설명을 부탁하거나 개념을 정의하면서 듣는다.

귀뿐만 아니라 눈으로 적극적으로 듣는다.

- BODY(자세) : 표정, 눈빛, 자세와 움직임을 상대에게 기울이며 집중한다.
- MOOD: 말투, 음정, 음색, 말의 빠르기, 음의 높낮이를 고려한다.
- WORD(말의 내용): 상대방을 존중하고, 상대방이 원하는 것이 무엇인지 집중한다(AI시대 소통의 기술－임성은 2024).

4) 나－전달화법

의사소통이나 커뮤니케이션에서 바람직한 자기 표현으로 많이 권하는 것이 I-message이다.

말하는 사람의 문장 주어가 나, 영어의 'I'로 시작되기에 나－메시지라고 한다. I-message를 쓰는 나－전달법은 문장의 주어가 너, 즉 You로 시작되는 너 메시

지, 너 전달법과 비교되는 개념이다. 나-전달법은 의사소통에서 갈등을 피하고 말하는 사람과 듣는 사람의 욕구를 함께 충족할 수 있는 최고의 대화법이고 표현법이다.

의사소통에서 필수적으로 나오는 개념인데도 의외로 잘 알지 못하는 경우도 많다.

예를 들어, 집에 늦게 들어온 딸한테 어머니가 나-전달법과 너 메시지로 대화를 해 본다고 가정해보자.

너-전달법: "너 왜 이렇게 늦게 오니? 도대체 어디 갔다가 이제 오는 거야? 앞으로 또 한 번만 이렇게 늦어 봐. 문 안 열어 줄 거야."

나-전달법: "아니 집에 왜 이렇게 늦게 왔니? 엄마는 너가 무슨 일 생겼나 걱정했잖아. 집에서 기다리는 사람은 생각 안 하니? 엄마가 안절부절못했단다. 걱정하는 사람 생각을 해주렴."

'너-전달법'의 '너는~~'이라고 말하는 표현을 듣자면 상대가 기분이 나빠지고 미안한 마음이 들다가도 슬그머니 화가 날 것이다. '너-전달법'은 왜 의사소통에서 피해야 하는 표현일까?

무엇보다 '너-전달법'에는 비꼬기, 비판, 지시, 평가, 경고가 들어 있기 때문이다. 의사소통의 걸림돌로 앞에서 이야기했던 부분이다. 반면 '나-전달법'은 말하는 사람의 느낌이 들어 있을 뿐 의사소통의 걸림돌은 들어 있지 않다. 사실 두 쪽 다 속마음은 어떤 일이 있지는 않았는지 하는 걱정과 집에 늦게 오는 것에 대한 걱정으로 같지만 표현하는 방식이 다르다. 듣는 사람 입장에서 어떻게 느낄지도 역시 다를 것이다.

'너-전달법'의 예를 몇 개 더 들어 보면 다음과 같다.

- "너는 꼭 나를 화나게 만들어!"
- "너의 무관심 때문에 내가 얼마나 상처받는지 알아?"
- "이 모든 게 다 너 때문이야."

이것을 '나-전달법'으로 바꾸어 보면 자신의 느낌이 자신에게서 비롯된다고 생각하는 관점이 표현에 어떤 변화를 가져 오고, 듣는 이에게 어떤 차이가 있을지 확연하게 느껴질 것이다.

- "난 정말 화가 나. 네가 늦게 오니 내 약속을 중요하게 여기지 않은 것 같아서 말이야."
- "난 속상해요. 당신이 내 생일을 기억해 주길 바랐어요."

앞에 언급한 '나-전달법'을 잘 살펴보면 표현에 몇 가지 구성 요소가 있다. 설명하자면 다음과 같다.

A. 상대의 구체적 행동 표현:
상대의 행동과 상황을 구체적으로 말한다. 이때 어떤 평가, 비판, 비난의 의미를 담지 말고, 객관적인 사실만을 말한다.
예: 너가 약속시간에 늦으니,

B. 느낌:
행동의 구체적 결과로 생겨난 감정을 솔직히 말한다.
예: 속상하고 걱정이 돼.

C. 행동의 구체적 결과:
상대의 행동이 자신에게 미친 영향을 구체적으로 말한다.
예: 나와의 약속을 중요하게 여기지 않는 것 같고, 무슨 일이 생기지 않았나 생각도 들어.

종합: A+B+C
"너가 (　　　)했을 때, 나는 (　　　)한 마음이 들어서, 내 기분이 (　　　)해."
"너가 (　　　)했을 때, 나는 기분이 (　　　)해. (　　　) 한 것 같아서."

"너가 약속 시간에 늦으면, 나와의 약속을 중요하게 여기지 않는 것 같아 속상해. 또 무슨 일이 생긴 건 아닌가 생각도 들어서 걱정이 돼."

4. 비폭력 대화식 나-전달법

전통적으로 ' 나-전달법'에서는 상황이나 행동과 그로 인한 나의 느낌, 행동의 구체적 결과를 강조해 왔다. 행동의 구체적 결과는 상대의 행동이 자신에게 미친 영향, 즉 자신의 욕구와 연관한 영향을 살펴보고 있으므로 욕구도 함께 본다고 할 수 있다. 여기에 더하여 로젠버그(Rosenberg)의 비폭력 대화(Nonviolent Communication)에서는 느낌 밑에 있는 개인의 욕구를 더 선명히 강조하고, 갈등 해결을 위해 상대가 실천할 수 있는 행동까지 부탁하는 요청을 포함시켜 대화할 것을 권하고 있다.

- 관찰 – 있는 그대로의 사실/상황 묘사
- 느낌 – 자신의 느낌을 말하기
- 욕구 – 내가 필요하거나 원하는 것을 말하기
- 요청 – 지금 할 수 있는 부탁을 하기

- 내가 [ ]을 보았을 때(들었을 때, 기억했을 때, 상상했을 때)
- 나는 [ ] 한 느낌이 들었습니다.
- (왜냐하면) 나는 [ ]을 원했습니다. (원했기 때문입니다)
- 그래서 [ ] 했으면 좋겠습니다. (하면 어떨까요?)

'나-전달법'에 요청을 포함시키고 욕구를 좀 더 분명히 하여 다시 바꾸어 보면 다음과 같다.

> "너가 약속에 늦었을 때 나는 나와의 약속을 중요하게 생각하지 않는 것 같아 속상했어. 내 약속을 중요하게 여겨 주길 바랐거든. 그러니 다음에 늦으면 미리 전화해 주면 좋겠어."

그러면 '나-전달법'의 각 요소를 하나씩 살펴보며 익혀 보자.

1) 관찰: 구체적 행동(Behavior)

상대의 구체적 행동은 상대를 구체적으로 관찰하여 표현하는 것이다. 여기에서 평가를 배제하는 것이 중요한데, 친구가 약속 시간에 늦은 상황에서 '당신이 게으름을 피우면...' 같이 평가적인 발언은 상대의 반발심을 불러일으킬 수도 있고 나의 평가이므로 지양한다. 또 이야기를 할 때 '너는 늘~, 꼭~ 항상~ '과 같이 일반화된 표현 역시 부정적인 평가이고 객관적인 사실이 아닐 수도 있어 불필요한 언쟁을 불러올 수도 있으니 쓰지 않도록 한다.

'네가 나를 무시했을 때'라는 것은 나에게는 사실이지만 무시는 나의 평가이고 판단이기에 관찰이라고 할 수 없다. ' 그 사람이 ~라고 한 말을 들었을 때', '네가 내 질문에 대답을 하지 않았을 때 '와 같이 객관적인 묘사가 관찰에 해당한다.

2) 느낌(Feeling)

관계의 상황에 따라 우리는 여러 가지 감정을 느끼게 되고 그 감정을 다루거나 조절하거나 표현하고 싶어 한다. 하지만 감정 혹은 느낌은 표현했다가 관계를 해칠까 두려워지거나, 너무 압도적이어서 힘들 때, '나-전달법'에서는 이런 감정을 잘 살피고 느끼고 표현할 것을 권한다. 이렇게 할 때 내 감정이 조절될 수 있고, 상대에게 내 마음이 충분히 전달될 수 있기 때문이다. 또한, 내 감정을 느끼고 표현할 때 내 감정은 나의 소유라는 것을 느끼고 주체적인 자기 표현을 하며 상대에게 내 감정의 원인을 전가하지 않을 수 있다.

자신의 감정을 찾아 표현할 때는 구체적으로 느끼고 표현하는 것이 좋다. 감정은 단지 기분이 좋다, 나쁘다 이상으로 기쁨, 슬픔, 분노, 혐오감 등 여러 가지로 나눌 수 있다.

어릴 적부터 자신의 감정에 익숙하지 않은 사람은 자신의 감정을 잘 느끼거나 표현하는 게 어려울 수도 있기에 감정을 찾고 표현하는 것은 노력이 필요할 것이다.

감정단어 목록

기쁨/만족	분노	미움/경멸	두려움	슬픔
감동받은, 감격스런, 벅찬, 환희에 찬, 황홀한, 충만한, 고마운, 감사한, 즐거운, 유쾌한, 통쾌한, 흔쾌한, 기쁜, 반가운, 행복한, 따뜻한	화난, 불행한, 괴팍한, 불쾌한, 불만족스러운, 격앙한, 격분한, 좌절한, 노발대발한, 격노한, 흥분한, 성난, 신경질이 난, 시샘하는, 눈이 뒤집힌, 기분 상한, 분개한, 열 받는, 당혹스런, 당황한	질색인, 신랄한, 얕보는, 멸시하는, 불경의, 비열한, 비난하는, 기분 상한, 하찮은, 천박한	아연실색한, 반감이 가는, 싫어하는, 마음이 내키지 않는, 불쾌한, 지겨워진, 매스꺼운	우울한, 낙심한, 풀이 죽은, 절망한, 의기소침한, 낙담한, 실망한, 기력이 없는, 울적한, 침울한, 상심한, 비참한, 후회하는, 유감스러운, 불행한

출처: 서현경 · 이기남 · 권은주 · 김향남(2023). 인성과 리더십.

5.

기타 커뮤니케이션 화법

1) 신뢰화법

상대방에게 정중함과 신뢰감을 줄 수 있는 대화의 말이나 어미를 선택한다. 다까체 70%, 요죠체 30%를 사용하게 되면 바람직한 화법이 될 수 있다.

- 정중한 화법(다까체) 70%: ~입니다, ~입니까?
- 부드러운 화법(요죠체) 30%: ~예요? ~이죠?

2) 레어드 화법

사람들은 "~해!" 같은 명령형의 말을 듣게 되면 반발심이나 거부감이 들기 쉽다. 의뢰형이나 질문형식으로 바꾸어 말하면 훨씬 부드러운 대화가 될 수 있다. 심리학자 레어드(Laird)는 질문형식으로 말하면 상대방의 마음의 문을 연다고 하여 레어드 화법이라고 한다.

- ~해 주시겠습니까?
- ~ 부탁해도 될까요?

3) 쿠션 화법

상대방에게 불쾌감을 덜 느끼게 하면서 적극적으로 해결하겠다는 감정과 의사를 전달하는 표현으로, 상대방이 원하는 것을 들어주지 못하거나 상대방에게 부탁을 해야 할 경우 기분이 나빠지는 것을 최소화할 수 있다.

- 실례합니다만,
- 죄송합니다만,
- 공교롭게도,
- 번거로우시겠지만,
- 괜찮으시다면,
- 양해해 주신다면

이러한 표현의 쿠션 화법은 상대방과 대화 시 부드러운 분위기를 만들어 갈 수 있다.

4) 맞장구 화법

상대방의 호감을 살 수 있는 대화의 가장 기초적인 요령은 상대방이 하는 이야기를 관심 있게 귀담아 들어주는 것이다.

- 가벼운 맞장구: 저런, 그렇습니까?
- 동의하는 맞장구: 과연, 정말 그렇겠군요, 예, 그렇습니까?
- 정리하는 맞장구: 그 말씀은 ~ 이라는 것이지요?
- 재촉하는 맞장구: 그래서 어떻게 되었습니까?
- 몸짓 맞장구: 고개를 끄덕끄덕, 갸우뚱, 눈 맞춤

5) 아론슨 화법

부정적인 표현보다는 긍정적 표현으로 바꾸고, 같은 내용도 긍정적인 부분을 강조해서 말한다. 또한 긍정적 내용과 부정적 내용을 함께 말해야 하는 경우는 부정적인 것을 먼저 이야기하고 나중에 긍정적인 내용을 이야기하는 것이 효과적이다.

- 상대방을 조금 기다리게 한 경우
  기다리게 해서 죄송합니다. (×) – 기다려 주셔서 감사합니다. (○)

- 이 제품은 비싸지만, 품질은 아주 뛰어납니다.

6) 개방적 화법

대화를 진행하면서 상대방의 이야기를 많이 듣기 위해 요령 있게 질문하는 화법이다. 즉, '네 또는 아니오'로 대답할 수 있는 폐쇄적인 질문이 아닌, 상대방의 자유로운 대답을 들을 수 있는 개방적인 질문을 사용하는 것이 좋다.

- 점심 드셨습니까? (×) – 점심 어떠셨습니까? (○)

경청의 요소

- 경청하는 요소에는 어떤 것들이 있는 분석해 보자.

- 청자의 기분이나 태도

- 청자의 집중력

- 화자의 목소리 톤 강세

- 화자의 스토리텔링 기법

● 신뢰 화법

신뢰 화법을 쓸 때 본인이 자주 사용하는 화법들을 적어 보자.

–

–

–

–

생각해 봅시다

1. 경청하지 못하는 요소는 어떤 것들이 있을까요?
2. 평소 나의 대화법에는 어떠했는지 살펴봅시다.
3. 상대방의 이야기를 5분 정도 들어주고 본인은 5분 동안 아무 말 없이 긍정적인 맞장구(리액션)만 쳐 줍시다. 상대방에게 느낌이 어떠했는지 물어봅시다.

발성과 발음

학습목표

1. 복식호흡과 복식발성을 익힐 수 있다.
2. 기본 발음과 어려운 발음을 연습할 수 있다.
3. 스피치 구성 요소를 익힐 수 있다.

Chapter

03

1.
여러 가지 호흡법

1) 복식호흡과 흉식호흡의 차이

스피치를 잘하기 위한 세 번째 관문은 발성과 발음이다. 그 전에 호흡의 중요성을 말하고자 하다. 호흡을 크게 두 가지로 나눌 경우, 흉식호흡(胸式呼吸)과 복식호흡(腹式呼吸)으로 나눌 수 있다. 흉식호흡은 숨을 들이마실 때 가슴이 늘어나고 숨을 내뱉을 때 가슴이 줄어드는 호흡법이다. 우리가 체조할 때 팔을 들고 숨을 들이마셨다가 팔을 내리면서 내뱉는 심호흡법도 흉식호흡법이다. 복식호흡은 토끼가 숨쉬는 것처럼 뱉을 때 배가 꺼지는 호흡이다. 유아들이 잠잘 때 보면 가슴이 움직이는 것이 아니고 배가 올라갔다 내려갔다 하는 복식호흡을 한다. 일반적으로 호흡이라고 하면 폐가 가슴에 있으니 가슴으로 숨 쉰다고 생각하기 쉬우나 유아들이 하는 것처럼 배로 하는 호흡이 자연스럽고 건강한 호흡이다. 혹 누가 앉아서 숨을 쉬는데 어깨가 오르락 내리락하는 숨을 쉬거나 가슴이 움직이는 숨을 쉰다면 폐에 이상이 있어 숨이 깊이 들어가지 못하고 폐상부 에서만 쉬는 경우이던가, 아니면 배에 복수가 찼든지 내장이 부어 있어 숨이 아래로 내려가지 못하는 경우이다. 이런 경우는 불건강한 호흡으로 볼 수 있다.

2) 웃음 호흡법

다음은 웃음 호흡법이다.

하/하/하/ 호/호/호/ 으/헤/으/헤/ 으/허/허/ (5번 반복)

스타카토 강조법으로 하나씩 끊어서 해 보면 도움이 된다.

2. 발성 연습

1) 발성 1단계~5단계 연습

- 하나 하면 하나요(10음성) 둘 하면 둘이요(20의 음성) 셋 하면 셋이요(30의 음성)
  넷 하면 넷이요(40의 음성) 다섯 하면 다섯이요(50의 음성)

- "아" 소리를 짧게 1/2초 발성 연습
  "아"(10음성), "아"(20음성), "아"(30음성), "아"(40음성) "아"(50음성)

- "아~~~~~~~~~~~~~~~~" 길게 발성, 음은 고르게 끝을 올리는 기분으로 발성할 것.
  "아~~~~~"(10음성), "아~~~~~"(20음성), "아~~~~~"(30음성)
  "아~~~~~"(40음성), "아~~~~~"(50음성)

2) 응용발성1

- 1음절 발성(여러분 발성)

  여러분!(10음성), 여러분!(20음성), 여러분!(30음성), 여러분!(40음성).

  여러분!(50음성)

- 2음절 발성

  사랑하는 여러분!(10음성~50음성까지 발성)

  친애하는 여러분!(10음성~50음성까지 발성)

  존경하는 여러분!(10음성~50음성까지 발성)

- 3음절 발성

  만나고 싶었던 여러분!(10음성~50음성까지 발성)

  언제나 그리운 여러분!(10음성~50음성까지 발성)

  뜨거운 피가 끓는 여러분!(10음성~50음성까지 발성)

- 4음절 발성

  눈물과 사랑을 가지신 여러분!(10음성~50음성까지 발성)

  희망과 용기를 잃지 않는 여러분!(10음성~50음성까지 발성)

  절망과 좌절을 모르시는 여러분!(10음성~50음성까지 발성)

3) 응용발성2

(10의 음성) 책 읽기는 완전한 사람을 만들고

(20의 음성) 대화는 우정을 꽃피우고

(30의 음성) 회의는 유연한 사람이 되게 하고
(40의 음성) 글쓰기는 정확한 인간을 만들고
(50의 음성) 스피치는 위대한 스타와 영웅을 만듭니다.

4) 발음교정 및 입풀기 운동자료

ㄱ: 가랑 가랑 가랑비 오면 가갸거겨 개구리가 노래를 하고
개구리가 가갸거겨 노래를 하면 가랑비가 가랑가랑 내린답니다.
그 집 콩밭은 검정 콩밭이고 내 집 콩밭은 강낭콩밭이며
검정 콩밭 옆에 강낭콩밭이 있고 강낭콩밭 옆에 검정 콩밭이 있다.

ㄴ: 나풀 나풀 나비가 나팔꽃에 날아가 놀고 있는데 날리리 날리리 나팔소리에 놀라 나팔꽃에서 놀지 못하고 나리꽃으로 날아갔대요.

ㄷ: 담임 선생님의 담당과목은 도덕담당이고 담임 닮은 담임선생님의 단골집 담 큰 주인은 닭장에서 닭모이를 주는 게 그의 취미이다.

ㄹ: 라일락꽃 같은 라이안의 처녀들이 랄라라라 랄라라라
춤을 춥니다.

ㅁ: 모락모락 맛있는 만두를 말썽꾸러기 말복이가 마굿간
말들에게 말없이 주어 버린 말썽스런 일이 있었다.

ㅂ: 백합 백화점 옆에 백화 백화점이 있고, 백화 백화점 옆에
백합 백화점이 있다.

ㅅ: 숲속 동굴 속에 숨어 있는 살쾡이가 살랑살랑 살쾡이 꼬리를 살래살래 흔들면서 살금살금 슬금슬금 사람들을 살살 피해 다닙니다.

ㅇ: 앙증맞은 우리 아기 앙앙앙 울음보가 터지면 아빠도 엄마도 언니도 오빠도 아무도 못 말려요.

ㅈ: 잘 익지 않는 고기는 잘근잘근 썰어서 조물조물 주물주물
주물러 주신 후 다시 구우세요.

ㅊ: 추운 겨울에도 초롱이는 치솔에 치약을 묻혀서 치카푸카
치카푸카 칫솔질을 해요.

ㅋ: 키가 큰 코끼리가 쿨쿨 코를 골며 자고 있는데 쿵쿵쿵
큰 소리를 내며 코뿔소가 키 작은 코알라에게 다가갔어요. 키 작은 코알라는 콩콩콩 가슴이 뛰었지요.

ㅌ:
- 탱글 탱글 오렌지를 톡 터뜨리면 새콤 달콤 오렌지 쥬스가 되지요.
- 탱글 탱글 토마토를 통째로 한입에 먹을까, 통글 통글 토마토를 토막 토막 썰어서 나눠 먹을까

ㅍ: 포도밭에서 먹는 포도는 포도향기가 퐁퐁 풍기고
포장마차에서 먹는 파전은 파 냄새가 팡팡 풍긴다.

ㅎ: 하늘의 하얀 구름은 요술쟁인가 봐. 하마도 되고 호랑이도 되고! 해님도 되고!

3. 발음 연습

1) 발음 연습표 1 (기본 발음)

가 갸 거 겨 고 교 구 규 그 기
나 냐 너 녀 노 뇨 누 뉴 느 니
다 댜 더 뎌 도 됴 두 듀 드 디
라 랴 러 려 로 료 루 류 르 리
마 먀 머 며 모 묘 무 뮤 므 미
바 뱌 버 벼 보 뵤 부 뷰 브 비
사 샤 서 셔 소 쇼 수 슈 스 시
아 야 어 여 오 요 우 유 으 이
자 쟈 저 져 조 죠 주 쥬 즈 지
차 챠 처 쳐 초 쵸 추 츄 츠 치
카 캬 커 켜 코 쿄 쿠 큐 크 키
타 탸 터 텨 토 툐 투 튜 트 티
파 퍄 퍼 펴 포 표 푸 퓨 프 피
하 햐 허 혀 호 효 후 휴 흐 히

140개의 음 연습이다. 이것 역시, 하나씩 끊어서 복식발성편으로 해 보면 도움이 된다.

2) 발음 연습표 2 (어려운 발음 연습)

갸 괴 겨 귀 교 궤 규 계 과 괘 궈 걔

냐 뇌 녀 뉘 뇨 눼 뉴 녜 놔 놰 눠 냬

댜 되 뎌 뒤 됴 뒈 듀 뎨 돠 돼 둬 댸

랴 뢰 려 뤼 료 뤠 류 례 롸 뢔 뤄 럐

먀 뫼 며 뮈 묘 뭬 뮤 몌 뫄 뫠 뭐 먜

뱌 뵈 벼 뷔 뵤 붸 뷰 볘 봐 봬 붜 뱨

샤 쇠 셔 쉬 쇼 쉐 슈 셰 솨 쇄 숴 섀

야 외 여 위 요 웨 유 예 와 왜 워 얘

쟈 죄 져 쥐 죠 줴 쥬 졔 좌 좨 줘 쟤

챠 최 쳐 취 쵸 췌 츄 쳬 촤 쵀 춰 챼

캬 쾨 켜 퀴 쿄 퀘 큐 켸 콰 쾌 쿼 컈

탸 퇴 텨 튀 툐 퉤 튜 톄 톼 퇘 퉈 턔

퍄 푀 펴 퓌 표 풰 퓨 폐 퐈 퐤 풔 퍠

햐 회 혀 휘 효 훼 휴 혜 화 홰 훠 햬

168개의 음 연습법이다. 기본 발음인 140개보다는 어려울 수 있으나 하나씩 끊어서 연습해 본다.

4. 내용과 분위기 전환 화술

1) 억양

가장 대표되는 억양의 기준

① 따지거나 대등할 때, 또는 밀고 퉁기는 말투
② 의문이나 부정의 뜻과 물어보는 감정의 말투
③ 관심을 보이지 않고 평범하게 처리하는 말투
④ 의견을 겸손하게 듣고 물음을 끌어들이는 말투

2) 억양 연습

① 겸손한 억양으로 – 네, 그렇게 할 수 있을까요?
② 관심이 없는 듯 – 글쎄, 그렇게 할 수 있을까?
③ 의문과 부정하듯 – 아, 그렇게 할 수 있을까요?
④ 대등하게 따지며– 그럼, 그렇게 할 수 있을까?

3) 흐름전환

① 호흡 조절로 앞과 뒤의 톤을 다르게 하여 분위기 전환
② 한숨/침 삼키기/무안한 표정 등으로 상대의 흥미 유발
③ 잠시 머뭇거리는 것처럼 하여 주위 환기

4) 흐름의 전환

자유여, (바꾸고) 영원한 소망이여, (바꾸고)
피 흘리지 않고 거둘 수 없는 고귀한 열매여 (강조하여)
그 이름 부르기에 목마른 젊음이였기에, (바꾸고)
맨 가슴을 총탄 앞에 헤이고 달려왔다더라. (바꾸고)
불의를 무찌르고 자유의 나무 피 거름되어 (바꾸고)
우리는 여기 누워 있다. (바꾸고)
잊지 말자. (바꾸고), 사람들아! (강조하여)
뜨거운 손을 잡고 맹세했던 아아, (바꾸고) 그날 4월 19일
잊지말자. 형제들아.

5) 연기자의 액팅 기법

오빠도 알다시피 전 홀로 된 어머니와 갖은 고생을 하며 살았어요. (가벼운 웃음)

제 소원은 성공한 남자와 결혼해서 보란듯이 사는 것 뿐이었어요. (분노를 느끼며)

그런데 그 자는 저를 배신했어요. (싱겁게 웃으며) 저보다 환경이 좋은 여자를 만나자 저를 헌신짝처럼 배신했어요. (원망하듯)

자기 출세를 위해! 믿을 놈 하나도 없어요.

(흐느끼기 시작한다) 그래요. 저도 출세할 거예요, 보란 듯이 잘 해낼 거예요!

6) 발음 연습문제

물이 **맑고** 날씨도 **맑습니다.**
[말꼬] [막씀니다]

벼이삭을 **훑다.**
[훌따]

여기에는 **값있는** 물건이 많다.
[가빈는]

우리 모두 **무릎을 꿇자.**
[무르플 꿀차]

국가가 행사하는 권력을 **공권력**이라 한다.
[공꿘녁]

닭이 우는 꼭두새벽에 일어나 **밭에서** 일한다.
[달기] [바테서]

지난 장마에도 **물난리**가 났다.
[물랄리]

연줄이 나무에 걸려 **끊기다.**
[끈키다]

집이 무척 **넓다.**
[널따]

새싹을 **밟는** 사람이 어디 있어.
[밤는]

7) 기본 모음 발음

ㅣ: 입모양이 가로로 길게 벌어지며 입술은 윗니가 보일 정도로 조금 열어 평평하게 만들어 소리낸다.

ㅔ: 'ㅣ' 발음을 만들 때처럼 입술을 양옆으로 조금 잡아당겨 넓어진 상태에서 소리를 낸다.
입이 벌어진 정도는 검지 손톱 끝을 가볍게 물 수 있는 정도가 알맞다.

ㅏ: 아래 턱을 완전히 내리고 혀를 많이 낮춰야 하며 안쪽으로 잡아당긴다. 입술은 자연스럽게 놓아 두고 입을 크게 벌린다. 많은 사람들이 아래 턱을 내리지 않고 입을 작게 벌려 발음하는 경향이 있다.

ㅗ: 입술을 둥글게 앞으로 내밀고 윗니와 아랫니 사이에 새끼손가락이 들어갈 정도로 입을 벌린다.

ㅜ: 'ㅗ'를 발음할 때의 입모양은 그대로 둔 채 입술을 앞으로 내밀고 좁히며 힘을 주어 둥글게 만들어 발음한다. 윗니와 아랫니 사이가 벌어진 상태에서 울림이 있는 'ㅜ'를 소리 내면 된다.

8) 혼동되는 모음 발음

(1) 'ㅔ', 'ㅐ'

'ㅔ'와 'ㅐ'는 평상시 대화에서 거의 잘 구분하지 않고 쓰인다.

그러나 보다 정확한 전달을 위해 이들 모음이 특히 첫 번째 음절에 올 경우에는 반드시 구분해서 발음하자.

먼저 'ㅣ'를 발음한 상태에서 입을 약간만 벌리면 'ㅔ'(검지손톱을 가볍게 무는 정도), 다소 과장되게 더 크게 벌리면 'ㅐ' 발음이 된다.

'ㅐ' 발음은 검지와 중지를 손톱이 위로 가도록 겹쳐서 손가락 끝을 가볍게 물었을 때 입이 벌어진 정도라고 생각하면 된다.

'ㅣ →ㅔ → ㅐ → ㅏ' 차례대로 연습하면 정확하게 발음할 수 있다.

ㅔ　　**에누리, 에워싸다, 게으르다, 네거리, 헤어짐**

ㅐ　　**애국가, 애독자, 재활용, 매수인, 대학교**

(2) 'ㅓ'와 'ㅡ'

'ㅓ'를 발음할 때 입을 닫고 발음하는 경우가 많은데 아래턱을 약간 내려 입을 반드시 벌리도록 한다. 잘 안된다면 입을 크게 벌렸다 맞부딪치는 턱 운동을 여러 번 해 준다.

ㅓ　　**어머니, 어둠, 거리, 버럭, 서른**

ㅡ　　**으름장, 으뜸, 금고, 듬성듬성**

(3) 'ㅚ'와 'ㅟ'

'ㅚ'와 'ㅟ'는 이중 모음이 아닌 단모음으로 구분된다. 단모음 'ㅚ'를 바르게 발음하려면 'ㅔ'를 발음하면서 혀의 위치는 그대로 둔 채 'ㅗ' 를 발음할 때의 입술 모양을 만들어 주면 된다. 마찬가지로 단모음 'ㅟ'는 'ㅣ'를 발음하다가 'ㅜ'를 발음할 때처럼 입술만 둥글게 앞으로 내밀어 이 모양을 그대로 유지하면서 발음하면 된다. 즉, 입술 모양이 변하지 않고 둥글게 유지된다는 사실을 기억하자.

ㅚ **외국, 외상, 외출, 외투, 참외**
ㅟ **위로, 위상, 위기, 방위, 분위기**

(4) 'ㅘ'와 'ㅝ'

'ㅘ'와 'ㅝ'는 천천히 발음하면 누구나 쉽게 할 수 있는 발음이다. 그런데 평소 빨리 말을 하다 보면 이중모음이 아닌 단모음으로 말하는 경우가 정말 많다.

예를 들어, '화재'를 '하재'로 '기관지'를 '기간지' 등으로 발음한다던가 '3월이'를 '사머리', '권투'를 '건투' 등으로 발음하는 경우다. 그리 어려운 발음이 아니므로 조금만 주의를 기울여 확실하게 이중 모음으로 발음하도록 하자.

ㅘ **와전, 전화, 화학, 광고, 문화**
ㅝ **칠월, 만원, 원장, 권고, 입원료**

9) 강조화법

높임 강조

목표는 조금은 높고, **대담하게** 설정하는 것이 좋습니다.

낮춤 강조

꿈을 포기하면, 엄청난 기회를 **잃어버립니다.**

속도를 늦춰서 강조

자기관리를 잘하는 사람들은 **낙관주의적인 믿음을** 갖습니다.

모음을 길게 늘여서 강조

부모가 줄 수 있는 가장 **소~중한** 선물은 가치관입니다.

pause를 통한 강조

이번 사건의 진실 ///과연 무엇일까요?

10) 여러 가지 발음 연습

이, 우, 아, 야, 애, 아 집중훈련

기구기 니누니 디두디 리루리 미무미 비부비 시수시
이우이 지주지 치추치 키쿠키 티투티 피푸피 히후히

가갸가 나냐나 다댜다 라랴라 마먀마 바뱌바 사샤사
아야아 자쟈자 차챠차 카캬카 타탸타 파퍄파 하햐하

개가개 내나내 대다대 래라래 매마매 배바배 새사새
애아애 재자재 채차채 캐카캐 태타태 패파패 해하해

11) 발음 문장 연습

상대방을 바꾸는 것은/ 불가능하다./
이제/ 이 법칙을 기억하라./
'지금 일어나는 일:의/ 모:든 원인은/ 나에게 있다./
이제/ 원인은 자신에게 있다고/ 깨끗하게 인정하자./

그리고 자신을 바꾸는 것에/ 집중하자./
그러면 틀림없이/ 당신의 세:상은/ 조금씩 달라질 것이다./
그 이외에/ 세:상을 바꾸는 방법은 없다./
당신이 변:하면 된다.
행:복을 선:택할 수 있는 결정권도/
불행을 선:택할 수 있는 결정권도/ 모두 당신에게 달려 있다.

'ㅈ' 발음

지금부터 잔치가 진행됩니다.
종이학을 접어 저금통이 있던 자리에 놓았다.
재주가 좋은 제민이가 줄넘기를 줄기차게 한다.
잠자리가 불편해 잠을 뒤척였더니 점심에 졸립다.
절름거리며 조금 전 정거장에 도착하니 좌석이 없다.
저렇게 높은 자리에 앉으니 자랑스러운 감정이 자라난다.

'ㅞ'와 'ㅙ' 발음 구별 훈련

쾌유 돼:지 쇄:신 괜찮다 왜소하다
궤:도 웨이브 웬:만큼 췌:언 퀭하다

역사 왜곡은 인류의 죄:악이다.
왜소한 체구이지만 왠지 당차 보인다.
며칠 앓더니 눈이 퀭하다.
명예를 훼:손시키는 일은 절대 하지 말라.

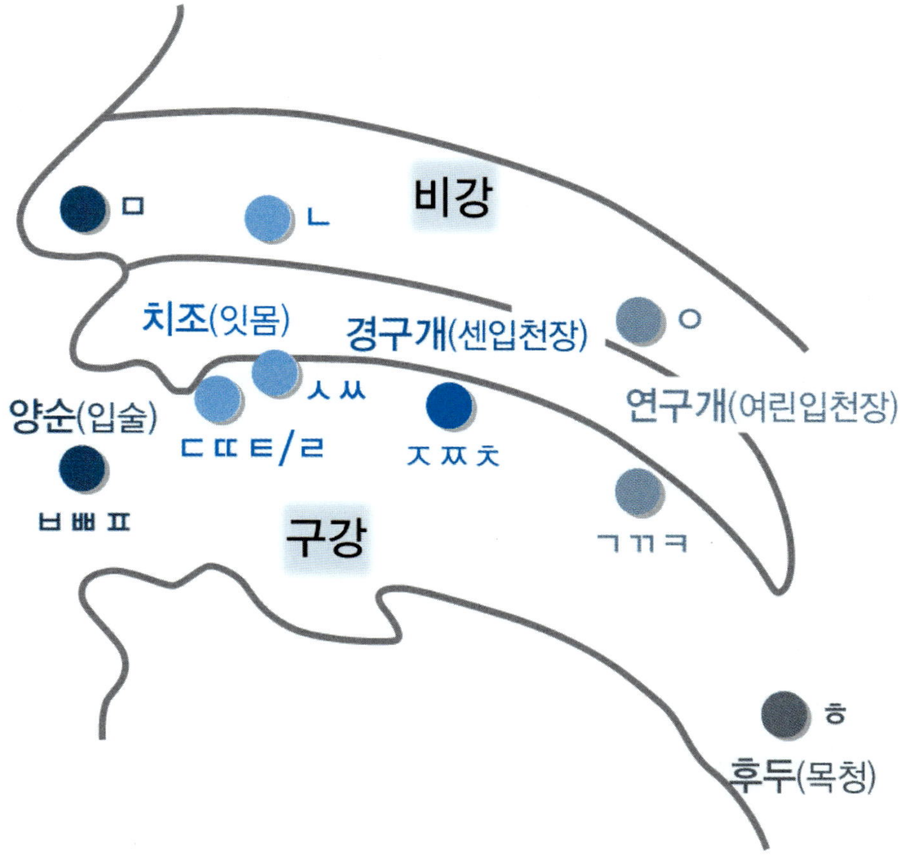

생각해 봅시다

1. 발성, 발음 연습을 통해 본인의 발성과 발음이 예전보다 더 좋아졌는지 비교해 봅시다.

PART 2

상황별 스피치훈련, 논리스피치

생동감 넘치는 목소리

학습목표

1. 스피치 기본요소를 파악할 수 있다.
2. 뉴스 원고를 리딩할 수 있다.
3. 스포츠, 기상캐스터, MC 등 다양한 기법을 익힐 수 있다.

Chapter

04

생동감 넘치는 목소리로 리딩을 하려면, 여러 가지 기법들이 있다.
먼저 장음과 퍼즈를 활용한 기법, 세고여림이나 강조화법 등이 있다.

1. 장음 표시

– (:) 이러한 표시가 있는 단어의 발음기호들이 바로 장음이다.
예를 들어, 숫자에서의 대표적인 장음은
2, 4, 5, 만이 있다.
둘: 넷: 만:도 장음인데 다섯은 단음이다.

대표적인 장음들은 다음과 같다.

[대:표], [말:하다], [훈:련], [계:획], [보:도] 등이 있다.

이 외에도 장음들이 많이 있지만 자세한 기법은 다음과 같은 뉴스원고나 방송원고에서 일일이 살펴보기로 하자.

2. 퍼즈(pause) 기법

퍼즈(pause) 기법은 숨 고르기, 잠깐 멈춤이라는 뜻이 있다. 보통 우리가 긴 문장을 끊어 읽을 때 퍼즈 기법을 쓴다.

가령 "안녕하십니까! 저는 홍길동입니다. 여러분과 함께해서 반갑습니다." → 이 문장을 퍼즈 기법을 이용한다면, "안녕하십니까! ∨ 저는 홍길동입니다. / 여러분과 ∨함께해서 반갑습니다." 중간중간에 ∨, /, // 이러한 표시들을 해줌으로써 화자가 말을 이어 갈 때 숨을 고를 수가 있는 것이다.

보통 긴 문장을 읽어 내려갈 때 말을 할 때 퍼즈 기법을 이용하면 청자가 더 쉽게 알아듣고 이해하기 쉽다. 화자는 늘 말을 하거나 리딩을 할 때 청자의 리스닝에 포인트를 두어야 한다.

생동감 넘치는 목소리를 연습하려면 다양한 원고가 필요하다.

3. 말 잘하는 사람들의 말하기 속도

말을 잘하는 사람들의 특징은 안정적이고 긴 호흡, 그리고 발성과 발음 등이 있다.

하지만, 속도도 중요하다. 화자의 말하는 속도가 너무 빠르면 청자는 처음에는 듣다가 '대체 무슨 말을 하는 거지? 왜 혼자만 흥분해서 말을 빨리 할까? 듣고 싶지 않다.' 이런 마음까지 느끼게 될 수도 있다.

그렇기 때문에 빨리 말하는 것보다 천천히 말하는 것이 청자뿐만 아니라 화자에게도 좋다.

적정한 말의 속도는 말을 하는 목적에 따라 다르지만, 전달하려는 바를 제대로 표현할 수 있는 나만의 최적의 속도를 자각하고 있어야 한다. 하지만 내 말의 속도가 적정한지, 내게 알맞은 속도인지 판별하기란 쉽지 않다.

4.

매력적인 말하기 속도 찾기

(1) 스톱워치를 작동시킨 상태로 다음의 원고를 읽어 봅니다.
(2) 원고를 읽는 데 걸리는 평균 시간을 기록합니다.
(3) 다시 들어 보면서 너무 빠르거나 느리지는 않은지 확인합니다.
(4) 최대한 매력적으로 들리는 나만의 자연스러운 속도를 찾아봅니다.

다음 원고를 읽어 보자.

서울, 인천, 경기 등 수도권 모든 구간의 지하철 요금이 오늘 첫차부터 150원 인상됐습니다.

성인 기본요금은 1250원에서 1400원으로 올랐고, 청소년 요금도 80원 올라 800원입니다.

지하철 요금 인상은 지난 2015년 이후 8년만인데, 내년에 150원을 추가로 올린다는 방침입니다.

앞서 주요 지자체 택시 요금이 1000원 오르는 등 올해 대중교통 요금이 줄줄이 인상돼 시민들 부담이 커지고 있습니다.

말하기 속도 분류표

- 25초 이내 – 빠름
- 26~30초 – 보통
- 35초 이상 – 느림

날짜	읽는 데 걸린 시간
	초
	초
	초
	초
	초
	초
	초
	초
	초
	초

지금까지 배웠던 장음, 강약조절, 퍼즈, 즉 말의 속도 등을 염두에 두면서 다음 원고들을 읽어 보자.

뉴스 원고

"전쟁 치열한데 무슨 잔치"…한국 첫 '노벨문학상' 한강, 담담한 소회

jtbc 뉴스 2024.10.11.

[앵커]

노벨문학상 수상자의 작품을 원어로 읽을 수 있는 날이 우리에게도 왔습니다. 한국인으로서도 최초 수상이지만, 노벨문학상 123년 역사에서 첫 아시아 여성 수상이기에 작가 한강의 수상은 더욱 빛이 납니다. 하지만 한 작가는 기자회견도 축하연도 하지 않겠다고 했습니다. 세계 곳곳에서 전쟁으로 날마다 사람이 죽어 나가는데 무슨 잔치를 하느냐, 수상의 기쁨은 조용히 간직하겠다는 차분한 소감만이 전해졌습니다.

첫 소식 박현주 기자가 보도합니다.

[기자]

[마츠 말름/한림원 상무이사 : 2024년 노벨 문학상 수상자는 한국의 작가, 한강입니다.]

이 발표 하나에 모두가 들썩였습니다.

작가 한강이 2016년 세계 3대 문학상인 맨부커상을 받고 지난해 프랑스 메디치 상을 받았지만 이렇게 빨리 노벨문학상까지 탈 줄은 몰랐습니다.

한국인 최초는 물론이고 아시아 여성으로도 처음있는 일이었습니다.

노벨문학상을 발표한 스웨덴 한림원과 전화 통화에서 작가도 놀랍다는 말을 5번이나 반복했습니다. 그러면서도 차분했습니다.

밤새 곳곳에서 인터뷰 요청이 쏟아졌지만 연락은 닿지 않았습니다.

노벨문학상의 전율과 환호가 가시지 않았지만 하루가 지나, 끝내 기자회견도 마다했습니다. 아버지가 준비하려던 축하연 자리도 말렸습니다.

작가는 수상의 기쁨은 조용히 간직하겠다는 말만 전했습니다.

"아시아 여성 최초 노벨문학상"…이웃나라 중국 · 일본도 들썩

jtbc 뉴스 2024.10.11.

[앵커]

한강 작가의 수상은 우리 문학의 쾌거이면서 아시아 문학의 큰 성취이기도 합니다. '아시아 최초 여성 노벨문학상', 일본과 중국에서는 한강 작가를 이렇게 소개하며 작품들을 집중 조명하고 있습니다.

베이징 이도성 특파원입니다.

[기자]

일본 한 대형 서점 직원이 노벨문학상 수상자로 한강의 이름을 쓴 종이를 들어 보입니다.

그리곤 한강의 작품으로 특별 매대를 만들었습니다.

주요 일간지 1면을 장식할 정도로 한강을 향한 일본 내 관심은 뜨거웠습니다.

서점이 마련해 둔 재고는 꺼내는 족족 모두 팔리면서 결국 동이 났습니다.

12년 전 노벨문학상 수상자를 배출했던 중국에서도 이번 소식에 주목했습니다.

베이징시 중심가 한 서점에선 한국 소설들 사이에 함께 있던 한강의 작품을 따로 빼냈습니다.

서점 한가운데에는 이렇게 수상 소식을 알리는 기사와 함께 한강 작가의 소설을 모아놨습니다.

"한국 문학의 선구자", "한국은 반드시 세계문화유산으로 신청해야 한다"며 극찬했습니다.

멀리 미국에서도 품귀 현상이 이어졌습니다.

외신들은 수상 직후 한강의 작품 세계와 학계의 평가 등을 집중적으로 보도했습니다.

노벨상 공식 소셜미디어 계정은 환호성을 지르는 한강의 스웨덴 출판사 영상을 공개하면서 축하를 전했습니다.

'패딩 벗고 반팔'…'서울 낮 기온 14도' 포근한 봄 날씨

jtbc 뉴스 2024.02.13.

연휴가 끝나자 서울 낮 기온이 14도까지 오르며 3월 봄 같은 날씨가 찾아왔습니다. 내일(14일)은 오늘보다 기온이 더 오르는 등 당분간 포근한 날씨가 이어질 전망입니다.

서울 한강공원 곳곳에 소풍 나온 시민들이 보입니다.

근처 나뭇가지에는 이미 꽃망울이 맺혔습니다.

학생들은 두터운 옷을 벗고, 반팔 차림으로 농구를 즐깁니다.

오늘 낮 최고 기온은 평년보다 8도 높아, 포근한 봄 날씨를 보였습니다.

전국이 이번 달 들어 가장 따뜻했던 날로 기록됐습니다.

서울은 낮 최고기온이 지난 주말까지 대체로 10도 아래에 머물렀는데, 오늘은 14도 가까이 올랐습니다.

남서쪽에서 우리나라로 따뜻한 바람이 계속 들어오고 있기 때문입니다.

이번 달부터 햇빛의 강도가 강해지기 시작해 일사량도 충분하다 보니 당분간 기온은 계속 올라갈 것으로 예상됩니다.

사실상 겨울이 지나고, 봄이 찾아오는 겁니다.

다만 내일은 비 소식이 있습니다.

새벽부터 조금씩 빗방울이 떨어지기 시작해 충청과 전라권, 경상권, 제주도에 5~10mm, 많은 곳은 40mm가 내리겠습니다.

오늘 수도권과 강원도, 세종과 충남의 공기질은 나빴지만, 내일은 전국적으로 좋음에서 보통으로 회복할 전망입니다.

폭설 내리더니…'눈 녹듯' 사라진 추위에 일본 벚꽃 활짝

jtbc 뉴스 2024.02.13.

일본 도쿄는 지난주만 해도 최고 8cm의 폭설이 쏟아져 교통 대란이 벌어졌습니다. 그런데 오늘(13일)은 낮 기온이 15도까지 올랐고, 봄꽃까지 피며 벚꽃축제를 연 곳도 있습니다.

일본 도쿄 시부야 거리, 외투를 손에 걸친 사람들이 쉽게 눈에 띕니다.

내리쬐는 햇볕을 피하려 양산을 쓴 사람도 있습니다.

일본 기상청은 오늘부터 한동안 도쿄 등 관동지역에 4월과 같은 날씨가 이어진다고 예보했습니다.

아직 2월 중순이지만, 오늘 낮 기온은 15도를 웃돌았습니다.

오는 15일엔 20도까지 올라갈 예정입니다.

불과 일주일 전만 하더라도 도쿄에 2년만에 폭설이 내리면서 교통이 마비됐던 것과 비교해 보면, 전혀 다른 세상이 된 겁니다.

갑자기 찾아온 따뜻한 날씨에 도쿄를 비롯한 수도권에도 이렇게 한 달 이상 빨리 벚꽃이 피었습니다.

벚꽃이 피기 시작하면서 가나가와현에서는 축제도 열렸습니다.

꽃을 보기 위해 찾아온 관광객들은 이리저리 봄 풍경을 사진에 담습니다.

아이들도 외투를 벗어던지고 한껏 포즈를 취합니다.

예년대로라면 눈 덮인 후지산이 보여야 하지만 눈이 녹아내려 보이질 않습니다.

예상보다 빨리 찾아온 봄날씨에 일본 기상청은 꽃가루 알레르기 대책을 빨리 마련해야 한다고 주문했습니다.

"외식하러 나가기 겁나네" 짜장면 가격도 7천원 시대

jtbc 뉴스 2023.09.17.

지난 달 서울 기준 외식 음식 중에는 짜장면 가격이 가장 많이 오른 것으로 나타났습니다.

한국 소비자원에 따르면, 지난해 평균 6천 300원이던 짜장면 가격은 올해 7천원 가까이로 10% 넘게 올랐습니다.

평균적으로 냉면과 비빔밥은 700원, 삼계탕과 칼국수도 각각 1400원, 500원 올랐습니다.

오늘부터 수도권 지하철 요금 150원 올라 '1400원'…"시민들 부담"

jtbc 뉴스 2023.10.07.

서울, 인천, 경기 등 수도권 모든 구간의 지하철 요금이 오늘 첫차부터 150원 인상됐습니다.

성인 기본요금은 1250원에서 1400원으로 올랐고, 청소년 요금도 80원 올라 800원입니다.

지하철 요금 인상은 지난 2015년 이후 8년만인데, 내년에 150원을 추가로 올린다는 방침입니다.

앞서 주요 지자체 택시 요금이 1000원 오르는 등 올해 대중교통 요금이 줄줄이 인상돼 시민들 부담이 커지고 있습니다.

우상혁 새 역사 썼다…한국 첫 다이아몬드 파이널 우승

jtbc 2023.09.17.

우상혁이 한국 육상 최초로 다이아몬드 리그 파이널에서 우승했습니다.

정상급 선수들만 초청받는 대회의 파이널에서 우승을 거둬 더 큰 의미를 갖고 있습니다.

지난 올림픽에서 자신이 세웠던 기록 2M 35를 다시 넘으면서 파리 올림픽의 기준 기록도 일찌감치 통과했습니다.

기내방송문

출발안내방송

손님 여러분, 안녕하십니까. 저희 대한항공을 이용해 주셔서 감사합니다. 이 비행기는 서울에서 뉴욕으로 가는 대한항공 123편입니다. 비행시간은 약 14시간으로 예정되어 있습니다. 안전한 여행을 위해 좌석 벨트를 매 주시고, 전자기기의 전원을 꺼 주시기 바랍니다. 감사합니다.

안전안내방송

손님 여러분, 기내 안전을 위해 좌석 벨트를 항상 매 주시기 바랍니다. 기내에서의 흡연은 금지되어 있으며, 전자기기의 사용은 이륙 및 착륙 시 제한됩니다. 승무원이 필요하시면 언제든지 호출해 주십시오. 감사합니다.

도착안내방송

손님 여러분, 뉴욕에 도착했습니다. 비행기가 완전히 멈추고 좌석 벨트 사인이 꺼질 때까지 자리에 앉아 계시기 바랍니다. 선반을 여실 때는 물건이 떨어지지 않도록 주의해 주십시오. 저희 대한항공을 이용해 주셔서 감사합니다.

기상캐스터 원고

안녕하세요, 기상캐스터 [이름]입니다. 오늘의 날씨 전해드리겠습니다.

오늘의 날씨

오늘은 전국이 대체로 맑겠으나, 오후부터 구름이 많아지겠습니다. 서울의 낮 최고 기온은 25도, 부산은 27도로 예상됩니다. 아침과 저녁으로는 다소 쌀쌀할 수 있으니, 외출 시 가벼운 겉옷을 챙기시는 것이 좋겠습니다.

내일의 날씨

내일은 전국적으로 비 소식이 있습니다. 특히 남부 지방을 중심으로 강한 비가 내릴 것으로 예상되니, 비 피해 없도록 대비하시기 바랍니다. 낮 최고 기온은 서울 22도, 대구 24도로 오늘보다 조금 낮겠습니다.

기상 특보

현재 강원 영동과 경북 북부 지역에 건조주의보가 발효 중입니다. 산불 등 화재 예방에 각별히 유의해 주시기 바랍니다.

바다의 물결

바다의 물결은 동해와 남해상에서 1.5m에서 2.5m로 일겠습니다. 해상 활동 시 안전에 유의하시기 바랍니다.

이상으로 날씨 정보를 마치겠습니다. 시청해 주셔서 감사합니다.

스포츠 뉴스 원고

안녕하세요, 스포츠 뉴스 시간입니다. 오늘의 주요 소식 전해드립니다.

축구 소식입니다.

한국 축구대표팀의 '캡틴' 손흥민이 활약하는 토트넘 홋스퍼가 2024~2025 유럽축구연맹(UEFA) 유로파리그 '리그 페이즈'에서 AS 로마와 맞붙게 되었습니다. 손흥민 선수의 활약이 기대됩니다.

야구 소식입니다.

LG 트윈스가 연패를 끊고 승리를 거두었습니다. LG는 수원 케이티위즈파크에서 열린 경기에서 KT 위즈를 꺾고 무실점으로 승리했습니다.

MC – 세상발견! 유레카

전국 어묵생산량의 35%를 차지하는 부산어묵.
탱탱하고 쫄깃한 맛으로 명성이 자자한데요.
어족자원이 풍부한 태국현지에서 신선한 어육을 만들어
공수해 오는가 하면 어육함유량을 70%로 높여서 쫄깃함은 기본,
깊은 맛까지 살려 냈다고 합니다.
전 국민에게 사랑받는 부산어묵!
그 맛의 비결을 세상발견 유레카에서 공개합니다.

MC – 문화사색 국악페스티벌

해외에 한국의 스마트폰을 수출하는 것보다
우리 음악을 수출하는 것이 더 쉽다고 자신 있게
말하는 사람들이 있습니다.
국경을 넘어서 순회공연을 펼쳐 온 국악인들이 한자리에 모였습니다.
아는 만큼 보이고 보이는 만큼 사랑하게 된다지만,
지식과 이해가 없이도 마음이 흔들리고요.
또 몸이 들썩이는 게 우리 음악의 매력인데요.
깊고, 크고, 또 박력 넘치는 '국악 페스티벌' 지금 함께 보시죠.

MC – 문화사색 역사편

조선시대 안평대군이 어느 봄날 꿈속에서 무릉도원을 보고
당시 최고의 산수화가였던 안견을 불러서 자신의 꿈속 풍경을
그리게 했는데요.
이 작품이 바로 그 유명한 몽유도원도죠.
이렇게 동양의 산수화는 눈으로 직접 본 풍경이 아니라
마음속에 품은 이상향을 화폭에 담아 놓은 것이 대부분인데요.
오늘 옛사람들이 상상했던 아름다운 세상 속으로 한번 떠나 보실까요.

생각해 봅시다

1. 생동감 넘치는 목소리로 발표하기 위해 이번 장에서 원고 하나를 골라 발표해 보자.

1분 스피치 자기소개 기법

학습목표

1. 키워드 나열법의 자기소개 기법을 익힐 수 있다.
2. 장점으로 나를 소개할 수 있다.
3. 성향 분석지로 나를 소개할 수 있다.

Chapter 05

우리가 살아가면서 자기소개를 하는 경우가 많다.

자기소개 하는 방법을 알려드리자면 먼저 글줄로 자신의 이야기를 나열하는 방식보다는 키워드 나열법으로 생각한 후 작성해 보는 것이 좋다.

그리고 주제별, 즉 나의 자기소개를 들을 청자가 누군지도 고려해야 한다.

또한 비즈니스 명함판으로 자기소개를 하거나, 아니면 시크릿 자기소개 기법 중 하나인 본인의 이름이나 나이, 사는 지역, 직업 등이 아닌 오로지 본인의 취미, 스트레스 푸는 힐링법 등으로 소개하는 방식도 있다.

1. 키워드 나열법

먼저 자기소개를 할 때 글줄로 쓰는 경향이 있는데, 그러다 보면 내가 정작 할말을 하지 못하고 배가 산으로 갈 때가 있다.

①번 키워드 → ②번 키워드 → ③번 키워드 → ④번 키워드 → ⑤번 키워드

키워드 나열법으로 작성한 내가 말할 자기소개의 순서이다.

- 나의 직업: 스피치 강사
- 나의 좌우명: 노력은 사람을 배신하지 않는다.
- 나의 장점: 열정이 넘치고 실행력이 빠르다.
- 나의 주 업무: 강의 및 상담
- 앞으로의 포부: 불특정 다수를 위해 다양한 교재 연구

이런식으로 하면 된다.

그렇다면 한번 자기소개를 위 순서대로 적어 보겠다.

> 안녕하십니까? (꿈과 희망을 드리는) 스피치 강사 이수민입니다.
>
> 저의 좌우명은 '노력은 사람을 배신하지 않는다'입니다. 저의 장점은 열정이 많고 실행력이 빠른 것입니다. 머릿속에 생각만 하지 않고 재빨리 실행에 옮기는 것만이 답인 것을 무수히 많은 시행착오를 바탕으로 깨닫게 되었습니다. 저의 직업이 스피치 강사이기 때문에 주로 강의를 하고 상담도 합니다. 특히, 상담을 통해 강의의뢰가 잡히는 것들이 많기 때문에 친절한 태도 및 목소리와 진심 어린 태도로 상담을 합니다. 앞으로 다양한 연령대와 불특정다수를 상대로 수업을 진행할 것이기 때문에 시대의 흐름에 맞게 다양한 교재를 연구하고 다양한 책들도 펴낼 계획입니다. 제 이야기를 끝까지 들어주셔서 감사합니다.

어떤가? 키워드 나열로 해 보니 어렵지 않게 쓰였다. 처음부터 글줄로 쓰려고 하면 어렵다.

하지만 내가 어떠한 흐름으로 나를 소개하는 키워드를 잡고 쓰니 배가 산으로 가지 않고 바다로 항해하듯 자연스럽게 쓰여졌다.

자, 여기서 또 하나 중요한 것은 화자인 나 중심이 아닌 청자의 중심, 즉 나의 소개를 들어줄 대상자가 누구인지 생각해야 한다.

청중이 누구인지는 정말 중요하다.

청중이 유치원생인지, 초등생인지, 청소년인지, 불특정 다수인 성인인지, 어르신들인지 연령대와 직업, 관심사 등을 먼저 파악해서 그들에 맞게 자기소개를 해보면 더 맞춤 소개글이 될 것이다.

키워드 나열법으로 자기소개를 써 봅시다.

①

②

③

④

⑤

2. 강점찾기 리스트 결과지로 써 보는 자기소개

1) 강점찾기

자신만의 강점을 30가지를 써 보자. 대수롭지 않은 것도 좋다. 물론 쉽게 써 내려가는 사람도 있겠지만 30가지를 써 보기란 쉽지 않을 것이다. 본인의 장점을 30가지를 다 쓰고 나서 거기서 베스트 5만 골라 보자. 그리고 짝꿍이 썼던 강점찾기 리스트와 바꿔서 상대방의 장점 중 내가 사고 싶은 것을 골라 보자. 왜 사고 싶은지, 그리고 나의 장점 5가지를 짝꿍에게 팔아 보자. 왜 팔고 싶은지 이유까지 적어 보는 것이다.

나의 강점찾기 30가지 리스트

1.	
2.	
3.	
4.	
5.	
6.	
7.	
8.	
9.	

10.	
11.	
12.	
13.	
14.	
15.	
16.	
17.	
18.	
19.	
20.	
21.	
22.	
23.	
24.	
25.	
26.	
27.	
28.	
29.	
30.	

나의 장점 TOP5

1.	
2.	
3.	
4.	
5.	

- 짝꿍에게 나의 장점 5가지 팔아 보기.
- 짝꿍의 장점 5가지 사 보기.

이유까지 같이 적어 보자.

3. DISC나 MBTI의 결과지로 써 보는 자기소개

MBTI 16가지의 결과지나 DISC의 4가지 결과지를 통해 본인의 성향이나 행동유형으로 자기소개를 해 보는 것도 요즘 MZ세대나 잘파세대들에게는 어렵지는 않을 것이다.

1) DISC를 활용한 자기소개

예를 들어, DISC 유형에서 본인이 D형이라면 주도형인 인간형인데, 장점으로 자기소개를 할 때 "주도적이며 자신감이 넘치고 남들을 잘 이끌어 가는 리더십이 있는 사람입니다."라고 소개글을 써도 되겠다. 하지만 단점으로는 "너무 주도적으로 이끌어 가려다 보니 약간의 독단적인 면이 있어 오해를 사기도 하지만, 이러한 단점을 개선하기 위해 다른 사람의 의견을 경청하려는 노력을 하겠습니다."라고 한다면 훨씬 부드러운 자기소개가 될 것이다.

또한 I형이라면 사교형인 인간형인데, 예문을 들어본다면 다음과 같다.

> "안녕하십니까. 저는 제 소개를 DISC로 본 결과지로 제 소개를 하겠습니다. 저는 사교형인 I형 인간형입니다. 역시나 사람들을 만나는 것을 좋아하고 먼저 다가가 인사를 하며 저의 이야기도 스스럼없이 먼저 말하곤 합니다. 활동적인 것들을 좋아해서 여러 활동에 잘 참여합니다. 하지만, 저의 단점은 가끔은 충동적일 때가 있어서 덥석 일을 하려고 시도하지만 이제는 좀 천천히 생각하고 이게 나와 맞는 일인지 맞는 상황인지 생각해 보고 결정하려고 합니다. 제 이야기를 들어주셔서 감사합니다."

S형인 경우 예를 들어 보면 다음과 같다.

> "저는 S유형인 안정형입니다. 잘 나서지 않고 다른 사람들 의견에 묵묵히 잘 따라가며 앞장서서 하기보다는 유하게 단체에서 서포트를 조용히 하는 편입니다. 하지만 앞으로는 저의 의견도 내 볼 생각입니다. 표현을 잘 안하니 종종 오해를 사기도 하는데 저의 의견을 내야 할 때는 용기 내어 말해 볼 것입니다."

C형인 경우 예를 들어 보겠다.

"저는 신중형인 C유형입니다. 어떤 일이든 신중히 생각하고 한번 맡은 일에 대해서는 책임감을 지고 임하되 꼼꼼히 살핍니다. 더러 이러한 저의 면이 너무 깐깐한 거 아닌가 생각이 들기도 하지만 저는 실수하기보다는 꼼꼼하게 일처리를 하는 것이 마음이 편하기도 합니다."

2) MBTI로 풀어 보는 자기소개

MBTI는 16가지 유형이나 돼서 일일이 나열하기보다는 크게 E와 I성향에서 E는 외향형이고 I는 내향형이라 E형에 가깝다면 활동적인 성향에 가깝게 자기소개를 하면 될 것이고, I형이면 내성적이지만 조용하고 신중한 면이 있다라고 소개하면 될 것이다.

(1) 외향성(extraversion)과 내향성(Introversion)

외향–내향 지표는 심리적 에너지와 관심의 방향이 자신의 내부와 외부 중 주로 어느 쪽으로 향하느냐를 보여 주는 지표이다. 외향적인 사람은 주로 외부 세계에 관심의 초점을 두고 더 주의를 기울이며, 사교적이고 활동적이다. 말로 표현하기를 즐기고, 외부의 자극을 통해 배우는 방식을 선호하기 때문에 경험한 후 이해하는 경향이 있으며, 자신을 숨기기보다는 드러낸다.

반면, 내향적인 사람들은 자신의 내면에 더 주의를 집중하며, 조용하고 내적 활동을 즐기는 경향이 있다. 생각이 많고, 말보다는 글로 표현하는 것을 더 편하게 느끼며, 이해한 다음에 경험하는 방식을 선호하여 생각을 마친 후에 행동하는 경향이 있다.

(2) 감각형(sensing)과 직관형(intuition)

감각–직관 지표는 사람이나 사물 등의 대상을 인식하고 지각하는 방식에서 감각과 직관 중 어느 쪽을 주로 더 사용하는지에 관한 지표이다. 감각형인 사람들은 일반적으로 오감에 의존하고, 현재에 집중하는 경향이 있다. 일 처리가 철저한 편이고, 실제적인 것을 중시하며, 사건을 사실적으로 묘사하는 경향이 있고, 세심한 관찰 능력이 뛰어나다.

반면, 직관형인 사람들은 상상력이 풍부하고 창조적이며, 보이는 것 그대로를 보기보다는 육감에 의존하려 한다. 나무보다는 숲을 보려는 경향이 있고, 가능성을 중요시하며, 비유적인 묘사를 선호하려는 경향이 있다.

(3) 사고형(Thinking)과 감정형(Feeling)

사고–감성 지표는 수집한 정보를 바탕으로 판단하고 결정을 내릴 때 사고와 감정 중 어떤 것을 더 선호하는지 알려 준다. 사고형인 사람들은 객관적인 사실에 주목하며, 분석적으로 판단하고자 한다. 공정성을 중요한 가치로 여기고, 원칙과 규범을 지키는 것을 중요시한다. 비판적이고, 맞다–틀리다 식의 사고를 하는 경향이 있다.

T형과 F형에서는 T적인 부분이 높게 나왔다면 사고형이라 항상 상황에서 사실을 있는 그대로 판단하고 명확한 것을 좋아하며 늘 합리적인 생각을 하는 편이다 라고 소개하면 될 것이다.

F형은 감정형이라 다른 사람의 감정에 잘 이입하여 상대방의 상황을 잘 고려할 줄 아는 배려적인 측면을 강조하면 될 것이다.

(4) 인식형(Perceiving)과 판단형(Judging)

판단–인식 지표는 인식 기능과 판단 기능을 바탕으로 실생활에 대처하는 방식에 있어 판단과 인식 중 어느 쪽을 주로 선호하는지에 관한 경향성을 나타내는 지표이다. 판단형의 사람들은 빠르고 합리적이며 옳은 결정을 내리고자 한다. 이들은 목적 의식이 뚜렷하며, 조직적이고 체계적으로 행동하는 경향이 있다.

인식형의 사람들은 판단형의 사람들보다 상황에 맞추어 활동하고, 모험이나 변화에 대한 열망이 높다. 매사에 호기심이 많으며, 사전에 계획을 세웠다 하더라도 상황에 따라 유연하게 행동하는 경향이 있다.

4. 홀랜드 유형검사로 직업별 자기소개 (직업선호도 검사)

1) 현실형

분명하고 질서정연하고 체계적인 활동을 좋아하며 기계를 조작하는 활동 및 기술을 선호하는 흥미유형

2) 탐구형

관찰적, 상징적, 체계적이며 물리적, 생물학적, 문화적 현상의 창조적인 탐구활동을 선호하는 흥미유형

3) 예술형

예술적 창조와 표현, 변화와 다양성을 선호하고 틀에 박힌 활동을 싫어하며 자유롭고, 상징적인 활동을 선호하는 흥미유형

4) 사회형

타인의 문제를 듣고, 이해하고, 도와주고, 치료해 주는 활동을 선호하는 흥미유형

5) 진취형

조직의 목적과 경제적 이익을 얻기 위해 타인을 지도, 계획, 통제, 관리하는 일과 그 결과로 얻게 되는 명예, 인정, 권위를 선호하는 흥미유형

6) 관습형

정해진 원칙과 계획에 따라 자료를 기록, 정리, 조작하는 활동을 좋아하고 사무능력, 계산능력을 발휘하는 것을 선호하는 흥미유형

직업선호도 검사 체크리스트

다음은 6가지 유형의 사람들이 나타내는 특징을 적어 놓은 것이다. 자신이 어떤 종류의 일이나 활동을 좋아하고 또 하고 싶어 하는지, 그리고 무엇을 잘 할 줄 알고 어떤 능력이 있는지를 알아보는 것이므로 자신을 가장 잘 나타내는 것에 체크(√) 표시해 주세요. 체크한 후에는 체크한 개수를 합계하여 해당란 (　　)에 적어 넣어 주세요.

R(　　개)	
1. 공장에서 기름 묻은 작업복을 입고 자동차를 고친다.	
2. 전기 등 기계류가 고장 나면 찾아내어 직접 고친다.	
3. 나는 레고 조립이나 십자수 등 손으로 만드는 것을 좋아한다.	
4. 기술자가 되어 회사에서 다른 사람들에게 기술을 가르친다.	
5. 고장 난 컴퓨터나 게임기 등을 수리한다.	
6. 애정영화보다는 무술 또는 스포츠 중계를 더 좋아한다.	
7. 말을 다정스럽게 하기보다는 좀 무뚝뚝하게 하는 편이다.	
8. 나는 실내에 조용히 있으면 답답하거나 왠지 불편한 편이다.	
9. 나는 친구들과의 모임 등에서 말이 적은 편이다.	
10. 나는 이론을 따지고 토론하는 것을 보면 재미가 없다.	
11. 몸으로 하는 일은 무엇이든지 재빠르게 할 수 있다.	
12. 축구, 농구 등과 같은 운동을 잘한다.	
13. 나는 컴퓨터나 장난감 등이 고장 나면 잘 고친다.	
14. 집에서 무엇이 고장 나면 고치기 위해 분해해 보곤 한다.	
15. 오랫동안 몸으로 힘든 일을 하더라도 잘 견딜 수 있다.	

I(　　　개)	
1. 의사가 되어 환자의 질병의 원인을 찾아낸다.	
2. 동물이나 식물의 살아가는 모습을 꾸준히 관찰하고 연구한다.	
3. 과학실이나 연구실 등에서 하루 종일 실험, 연구를 한다.	
4. 평소에 가정이나 학교, 도서관 등에서 책을 많이 읽는다.	
5. 학자나 교수가 되어 학문을 깊이 있게 연구한다.	
6. 조용하고 생각이 많은 성격이다.	
7. 다른 아이들보다 아는 것이 많고 상식이 풍부한 편이다.	
8. 나는 무엇을 보던지 세심하게 관찰하는 습관이 있다.	
9. 무엇이 궁금하면 책이나 컴퓨터를 이용해서 알아보려고 한다.	
10. 나는 예술가보다는 과학자를 더 좋아한다.	
11. 나는 다른 아이들보다 책 읽는 속도가 빠른 편이다.	
12. 많은 것을 알고 싶어 하는 호기심이 강하다.	
13. 무엇이든지 이유를 따져 보는 습관이 있다.	
14. 수학이나 과학과목을 잘한다.	
15. 무엇이든지 분석하고 원인을 생각해 보는 편이다.	

A(　　　개)	
1. 가수가 되기 위해 노래 연습을 한다.	
2. 누구나 좋아할 수 있는 동시나 동화를 쓴다.	
3. 아름다운 그림을 감상하거나 음악을 듣는다.	
4. 가정이나 가게 등 실내를 아름답게 장식한다.	
5. 예술가들의 생활에 관한 전기를 읽는다.	
6. 다른 사람들과는 다르게 별난 생각과 행동을 할 때가 많다.	
7. 나에게는 예술적 재능이 있는 것 같다.	
8. 옷을 살 때 평범한 것보다는 새롭고 특이한 것을 좋아한다.	
9. 내가 하기 싫은 일은 누가 뭐라고 해도 잘 하지 않는다.	
10. 나는 감정이 풍부해서 조그만 일에도 쉽게 감동한다.	
11. 나는 아름다운 것을 보면 쉽게 감동한다.	
12. 나는 창의성이 높은 편이다.	
13. 나는 쉽게 울고 웃는 감정이 풍부한 편이다.	
14. 나는 아름다움에 대하여 매우 예민한 편이다.	
15. 예술분야에 대해 친구들보다 더 많이 알고 있다.	

S(　　　개)	
1. 어린이들을 귀여워하고 보살피는 일을 한다.	
2. 병원의 간호사로 환자들을 보살핀다.	
3. 가난하고 병든 사람들을 도와준다.	
4. 어린 아이들에게 재미있는 이야기를 해 준다.	
5. 불쌍한 사람들을 돕는 단체에서 일을 한다.	
6. 여러 사람들이 모이는 모임에 참석하는 것을 좋아한다.	
7. 다른 사람들에게 양보하거나 도와주기를 좋아한다.	
8. 내가 좀 손해 보더라도 다른 사람에게 좋게 해 주려 한다.	
9. 사람들을 사귀고 이야기 나누는 것을 좋아한다.	
10. 어려운 친구들을 보면 어떻게든지 도와주려고 한다.	
11. 당황해하는 사람을 보면 편안하게 해 주려고 하는 편이다.	
12. 다른 사람이 옳지 못한 생각을 하더라도 이해해 보려 한다.	
13. 어려운 사람을 보면 불쌍한 마음이 들어 도와준다.	
14. 친구들의 고민을 잘 들어주고 위로해 준다.	
15. 이해심이 많고 잘 도와주는 친구로 알려져 있다.	

E(　　　개)	
1. 물건을 파는 사람들(종업원)의 관리 책임자가 된다.	
2. 회사의 새 상품을 거리에 나가서 선전하고 사게 한다.	
3. 많은 사람들 앞에서도 나의 올바른 의견을 주장한다.	
4. 힘 있고 능력 있는 지도자로서 일을 한다.	
5. 회장이 되어 선거 운동을 한다.	
6. 재치 있게 웃겨서 인기가 있다.	
7. 사람들은 나를 열성적이고 적극적인 사람으로 알고 있다.	
8. 나의 주장을 쉽게 굽히지 않는 고집 같은 것이 있다.	
9. 나는 적극적이고 주장이 강한 편이다.	
10. 경쟁심이 많아서 게임에서 결코 쉽게 양보하지 않는다.	
11. 친구들을 나의 뜻대로 잘 이끌어 가는 편이다.	
12. 집단 토론의 사회자로 토론을 잘 이끌어 갈 수 있다.	
13. 다른 사람을 말로 잘 설득한다.	
14. 모르는 사람과도 하고 싶은 말을 잘할 수 있다.	
15. 많은 사람들 앞에서도 나의 의견을 잘 발표할 수 있다.	

C(　　　개)	
1. 용돈을 어디에 사용했는지 일일이 기록, 정리한다.	
2. 은행에서 정확하게 돈을 받고 내주는 일을 한다.	
3. 유명한 사람의 비서가 되어 일을 한다.	
4. 법원 재판 때 사람들의 말을 빠르게 받아쓰는 일을 한다.	
5. 상점에서 들어온 물건의 개수, 가격을 정확히 확인한다.	
6. 원리원칙대로 행동하고 또 그렇게 살려고 한다.	
7. 세밀하고 꼼꼼한 성격이다.	
8. 밝고 화려한 스타일을 별로 좋아하지 않는다.	
9. 무슨 일이든 계획한 대로 실행해야 마음이 편하다.	
10. 무엇이든지 기분 내키는 대로 행동하지 않는다.	
11. 다른 아이들보다 계산을 빠르고 정확하게 한다.	
12. 나에게 맡겨진 일은 정확히, 그리고 빈틈없이 한다.	
13. 약속한 것을 잘 잊어버리지 않고 잘 지킨다.	
14. 무슨 일을 할 때는 미리 계획을 세워서 하는 편이다.	
15. 준비물을 잘 챙기고 소지품 정리정돈을 잘한다.	

직업선호도 검사(흥미) 결과 해석

1. 각 유형별 개인 원점수를 아래 표에 옮겨 써 봅시다.

유형	R	I	A	S	E	C	나의 유형 (높은 순서)
원점수							(　　　　) 유형

5. 자신의 직업 흥미유형 특성

1) 현실형

분명하고 질서정연하고 체계적인 활동을 좋아하며 기계를 조작하는 활동 및 기술을 선호하는 흥미유형 결과지가 현실형으로 나온 홀랜드 검사를 이용한 자기소개로 해 보고 싶다면, 다음과 같은 문구로 본인을 소개해 보면 어떨까 싶다.

> 저는 분명하고 체계적인 활동을 좋아합니다.
> 저의 취미는 기계를 조작하는 활동 및 기술을 배우고 익히는 것입니다.

2) 탐구형

관찰적, 상징적, 체계적이며 물리적, 생물학적, 문화적 현상의 창조적인 탐구 활동을 선호하는 흥미유형

> 저는 ○○과학연구소에서 연구원으로 일하고 싶습니다.
> 어릴 적부터 관찰하고 체계적으로 탐구하는 것을 좋아했습니다. ~~

3) 예술형

예술적 창조와 표현, 변화와 다양성을 선호하고 틀에 박힌 활동을 싫어하며 자유롭고, 상징적인 활동을 선호하는 흥미유형

저는 어릴 적부터 피아노를 꾸준히 배워 익혀 와서인지 음악에 대한 뛰어난 감각을 지니고 있습니다. 제가 좋아하는 음악의 종류는 ( ), ( )입니다. 저는 제가 지니고 있는 실력과 감성으로 사람들의 지친 마음을 달래 주는 음악치료사가 되고 싶습니다.

4) 사회형

타인의 문제를 듣고, 이해하고, 도와주고, 치료해 주는 활동을 선호하는 흥미유형

여러 가지 봉사활동을 통해 저는 사회복지사로서 꿈을 키워 왔습니다. 특히 어르신들을 대상으로 목욕 봉사, 말벗 봉사 등을 통해 외롭고 힘들어 하시는 어르신들을 위한 노인전문사회복지사에 관심이 많습니다.

5) 진취형

조직의 목적과 경제적 이익을 얻기 위해 타인을 지도, 계획, 통제, 관리하는 일과 그 결과로 얻게 되는 명예, 인정, 권위를 선호하는 흥미유형

학창시절, 반장, 회장 등 학급친구들을 잘 도와주고 이끌어 주는 역할을 해 왔습니다. 리더십을 발휘하는 활동 등을 해 와서인지 제가 ○○협회에 입회하게 된다면, 앞으로 나아가야 할 방향성을 제시할 뿐만 아니라 문제점을 찾아 함께 의논하고 해결해 갈 수 있습니다. ~~

6) 관습형

정해진 원칙과 계획에 따라 자료를 기록, 정리, 조작하는 활동을 좋아하고 사무능력, 계산능력을 발휘하는 것을 선호하는 흥미유형

> 한치의 오차도 없어야 하는 세무회계직렬에 저의 차분하고 꼼꼼한 성격을 바탕으로 누락 없이 일을 처리해 나가겠습니다. ~~

6. 면접용 자기소개

면접용 자기소개야말로 대부분 수강생들이 가장 어려워하는 부분이다.
면접관들에게 어필하는 용도의 면접 자기소개는 어떻게 해야 할까?
우선 회사의 종류와 자신의 직무에 맞춰서 진행하면 좋다.
거기에 본인의 장점과 경험을 살려 쓰면 더욱더 금상첨화이다.

가령 내가 다닐 회사가 병원이고 간호사로 취업이 예정된 학생들이라면
① 나의 이름이나 지원번호
② 나의 미래 희망 직업을 선호하는 이유
③ 나의 좌우명
④ 미래 직업인으로서 포부

이렇게 간략하게 자기소개의 틀을 짜서 해 보면 좋을 것이다.

예) 안녕하십니까? 지원자 (   )번입니다.

저는 노인치매전문간호사가 되고 싶어 지난 4년간 대학에서 간호학 기초와 여러 과목들을 배우고 익혀 왔습니다. 특히 실습학년이였을 때는 실질적인 실무경험들을 익히며 미래의 노인치매전문간호사로서 제가 가지고 있는 역량을 반드시 (해당 지원하는) 병원에서 펼치고 싶다는 생각을 많이 하였습니다. 간호사인 내가 좀 불편을 감수하면 환자와 보호자분들은 조금은 더 편한 병원생활을 하실 거라는 믿음을 가지고 늘 환자를 위해 솔선수범하는 간호사가 되겠습니다.

감사합니다.

위는 간결하면서도 예비직업인으로서 본인을 어필할 수 있는 자기소개 기법이다.

생각해 봅시다

1. 나를 표현하는 자기소개 키워드는 어떤 단어들인가?
2. 자신의 장점 TOP 5를 적어 보자.
3. 이번 장에서 배운 여러 가지 기법 중 하나를 골라서 1분 자기소개를 써 보고 발표해 보자.

전달력을 높이는 보이스 트레이닝

학습목표

1. 여러 가지 원고들을 통해서 전달력을 높일 수 있다.
2. 사회자 원고를 통해 무대 위의 MC가 되어 볼 수 있다.

Chapter 06

다양한 스피치 원고들을 통해 전달력을 높여 보는 시간을 가져 보자.

1.

행사 사회 시나리오 예시

■ 개회 선언

사회자: "안녕하십니까, 여러분! 오늘 행사의 사회를 맡은 [사회자 이름]입니다. 바쁘신 와중에도 참석해 주셔서 감사합니다. 지금부터 [행사 이름]을 시작하겠습니다."

■ 국민의례

사회자: "먼저, 국민의례가 있겠습니다. 모두 자리에서 일어나 주시기 바랍니다. 국기에 대한 경례, 바로!"

■ 내빈 소개

사회자: "다음으로, 오늘 자리를 빛내 주신 내빈 여러분을 소개하겠습니다. [내빈 이름 및 직함]님, 감사합니다."

■ 환영사

사회자: "이제 [환영사자 이름]님의 환영사가 있겠습니다. 큰 박수로 맞이해 주시기 바랍니다."

■ 주요 행사 진행

사회자: "다음 순서는 [행사 내용]입니다. [행사 내용 설명 및 진행]."

■ 시상식

사회자: "이제 시상식이 있겠습니다. [시상자 이름]님께서 시상을 해 주시겠습니다. 수상자는 [수상자 이름]님입니다. 축하드립니다!"

■ 폐회 선언

사회자: "이상으로 오늘의 행사를 마치겠습니다. 참석해 주신 모든 분들께 감사드립니다. 안전하게 돌아가시기 바랍니다."

시나리오 작성 팁

- 행사 목적과 흐름 파악: 행사 목적과 각 프로그램의 내용을 상세히 파악하고, 순서를 정리한다.
- 내빈 소개: 내빈 소개는 정확히 하고, 사전에 호명 순서를 확인한다.
- 애드리브 준비: 예상치 못한 상황에 대비해 적절한 애드리브를 준비한다.
- 시간 관리: 각 순서별로 시간을 배분하고, 시간 관리를 철저히 한다.

2. 결혼식 사회자 시나리오

■ 개식사

내빈 여러분, 안녕하십니까. 오늘 신랑 [신랑 이름] 군과 신부 [신부 이름] 양의 결혼식 사회를 맡은 [사회자 이름]입니다. 바쁘신 와중에도 귀한 시간을 내어 참석해 주신 여러분께 감사의 말씀을 드립니다. 지금부터 결혼식을 시작하겠습니다.

■ 화촉점화

먼저 양가 어머님들께서 화촉을 점화하겠습니다. 양가 어머님들께서 입장하실 때 큰 박수 부탁드립니다. 양가 어머님, 입장해 주십시오!

■ 신랑입장

다음은 오늘의 주인공, 신랑의 입장이 있겠습니다. 신랑이 입장할 때 뜨거운 박수 부탁드립니다. 신랑, 입장!

■ 신부입장

이제 오늘의 또 다른 주인공, 신부의 입장이 있겠습니다. 신부가 입장할 때 큰 박수 부탁드립니다. 신부, 입장!

■ 맞절

신랑 신부는 서로를 마주 보고 서 주시기 바랍니다. 이제 두 사람의 사랑과 존경을 담아 맞절을 하겠습니다. 신랑 신부, 맞절!

■ 혼인서약

다음은 신랑 신부의 혼인 서약이 있겠습니다. 두 사람이 앞으로의 다짐을 여러분 앞에서 낭독하겠습니다.

■ 성혼선언

이제 두 사람이 정식으로 부부가 되었음을 선언하는 성혼선언이 있겠습니다. 성혼선언문을 낭독하겠습니다.

■ 축가

다음은 축가 순서입니다. [축가를 부르는 사람의 이름] 님께서 신랑 신부를 위해 축가를 준비하셨습니다. 큰 박수로 맞이해 주십시오.

■ 양가 부모님께 인사

이제 신랑 신부가 양가 부모님과 내빈 여러분께 인사를 드리겠습니다. 신랑 신부는 양가 부모님께 인사드리겠습니다. 그리고 내빈 여러분께도 인사드리겠습니다.

■ 행진

마지막으로 신랑 신부의 행진이 있겠습니다. 신랑 신부가 새로운 출발을 하는 이 순간, 큰 박수로 축하해 주시기 바랍니다. 신랑 신부, 행진!

■ 폐식사

이것으로 신랑 [신랑 이름] 군과 신부 [신부 이름] 양의 결혼식을 모두 마치겠습니다. 참석해 주신 내빈 여러분께 다시 한번 감사의 말씀을 드립니다.

3. 음악회 사회 멘트

제 회 ( )정기연주회 2024.10.25.금 **사회자 : 이수민**

1. 오프닝 멘트 (2분15초)

안녕하십니까~제 회 ( ) 정기연주회에 와주신 여러분 진심으로 환영합니다. 저는 오늘 사회를 맡은 (사회자 이름)입니다. 반갑습니다.

올 여름도 너무나 무더웠습니다. '이제는 9월까지 여름인가??' 라는 생각도 들었는데요. 그래서 10월은 더욱 더 감사하게 느껴지는 것 같습니다. 여러분들 한해동안 어떻게 보내셨는지요? 해마다 가을이 되면 남아있는 달력부터 보게 되는데요. 올 한해 이루시고자 하는 소망이 이뤄지셨는지 모르겠습니다.

벌써 저희 (　　　)의 연주회가 　회차를 맞이했답니다. 어린아이가 커서 만 6세라는 나이는 초등학교에 입학할 나이인데요. 저희 (　　　) 역시 지난 세월 동안 많은 성장을 해왔습니다.

오늘 선보일 제 　회 정기연주회에서 (　　　　　)가 들려주는
천상의 소리로 관객에게 감동을 선사할 계획입니다.

오늘 연주회에 함께 해주실 게스트로는 '(　　　　)'와 '(　　　　)'인데요.
(　　　　　　) 와 함께 깊이 있는 가을 　연주회를 밝힐 예정입니다.

그럼, 본격적으로 (　　　　　　　) 의 무대 소개해드리도록 하겠습니다.

그 첫 번째 무대는 오블라디 오블라다입니다.

1968년에 발매된 비틀즈의 정규 앨범인 The Beatles에 수록된 곡으로
제목이자 후렴구에 등장하는 오블라디 오블라다라는 말은 'life goes on'(삶은 진행된다, 삶은 계속 된다)'라는 뜻으로 나이지리아에 주로 사는 민족인 요루바인들이 쓰는 언어라고 알려져 있다고 합니다.

폴 매카트니의 음악답게 대중적으로는 널리 사랑받는 곡으로 첫 무대 열어 드릴예정이구요.

두 번째 곡은 우리나라 전통 민요인 아리랑입니다.

한국의 대표적인 민요인 아리랑은 역사적으로 여러 세대를 거치면서 한민족 구성원들에게 많은 사랑을 받는 한민족의 노래입니다.

세월이 흘러도 대중들에게 큰 사랑을 받고 있는 비틀즈의 곡과 한국 대표적인 민요인 '아리랑 으로 소리샘 벨콰이어 무대 열겠습니다. 큰 박수로 맞이해주시기 바랍니다.

오블라디 오블라다(종료)

아리랑(종료)

2. 사회자 멘트 (2분 5초)

제 회 (   ) 정기연주회 첫 무대 열어드렸습니다.

다시 한번 큰 박수 부탁드립니다.

네. 감사합니다.

(   ) 는 국내 유일한 (   ) 으로 구성된 핸드벨 연주단입니다. 2010년 6월에 창단해서 현재까지 꾸준한 활동 중이구요. 대표적인 공연으로 2013년 평창동계스페셜올림픽 세계대회 폐막식 오프닝공연, 2017년 대한민국예술경연대회 클래식부문 동상수상, 2018년 행복페스티벌 경연대회 행정안전부장관상수상, (   )교육청과 (   )가 함께하는'2023찾아가는 공감문화확산사업으로 도내 4개학교 순회공연을 진행했습니다. 이 외에도 다양한 공연으로 관객 여러분들과 소통하고 있습니다.

다음은 첫 번째 게스트의 무대인데요. 바로 ' ( ) '의 무대입니다.
(지역명) 을 대표하는 남성중창단 '( )'는요.
따뜻한 목소리로 사랑과 희망 그리고 감동을 전하는 팀입니다.

'( ) 가 오늘 들려드릴 곡은 '첫사랑'과 '오 솔레미오'입니다.

먼저 '첫사랑'은 김효근 작곡가가 지은 곡입니다.
이 곡은 2010년 그의 첫 정식 음반인 《내 영혼 바람되어》에 피아노 연주곡과 기타 연주곡으로 발표되었고 2011년에는 처음으로 가사가 있는 가곡으로 완성되었다고 합니다.

두 번째 들려드릴 곡은, 오 솔레미오입니다.
오 솔레미오(나폴리어: O sole mio)는 이탈리아 칸초네의 나폴리 민요입니다.
오 솔레 미오'는 '나의 태양'이라는 뜻이며 자연의 아름다움과 애인을 찬양한 곡입니다.

이렇게 2곡을' ( ) '의 멋진 목소리로 함께 청해 듣겠습니다. 큰 박수로 맞이해주시기 바랍니다.

(종료)

3. 사회자 멘트(1분20초)

다음은 (   ) 의 무대인데요.
급격히 추워진 겨울 같은 가을 생각이 날듯한, 캐롤 송인데요.
고요한 밤, 거룩한 밤으로 해석되는 Slient Night 입니다.

《고요한 밤 거룩한 밤》은 세계적으로 유명한 크리스마스 캐럴 가운데 하나로, 기타나 피아노로 연주하는 6/8박자의 악곡입니다. 가톨릭 성가로 시작했으나, 오늘날 개신교에서도 찬송가로 즐겨 부를 정도로 전 세계적인 히트곡입니다.

다음 들려드릴 곡은
We wish your a merry christmas 인데요. 우리 모두의 크리스마스 캐롤이라고 생각이 들 정도로 너무 유명한 곡입니다.

원래 원곡은 영국 서부 전통 캐롤로서 이 캐롤의 기본 버전은 영어 웨스트 컨트리에서 유래되었다고 합니다. 하지만 영국 브리스톨 기반으로 하는 작곡가, 지휘자 및 오르간 연주자 아서 워렐에 의해 정식 악보로 소개되게 됩니다.

현재 버전은 1935년 아서 워렐의 편곡으로 이어진 곡인데요.

미리 느껴보는 크리스마스 저희 (   ) 의 연주로 청해듣겠습니다.
따뜻하게 맞이해주시면 고맙겠습니다.

크리스마스 캐롤송(종료)

4. 사회자 멘트(2분)

어떻게 다들 크리스마스를 미리 느껴보셨는지요~~
네 . 감사합니다.

다음은 두 번째 게스트의 무대인데요. (   ) 입니다.

(   ) 는 (   ) 지역에서 활동하는 역량 있는 연주자들이 주축이 되어 2010년에 창단된 전문 실내악단입니다. 문화예술 소외계층과 복지시설을 찾아가서 공연하는 것을 비롯하여 다양한 계층을 위한 활발한 예술 활동을 펼치며 음악의 활성화를 가장 중요한 목적으로 하는 단체인데요.

매년 2차례 이상의 정기연주회를 비롯하여 청소년을 위한 협주곡의 밤, 기획연주회, 차세대 음악회 등을 (   )와 메세나 협약을 맺어 우리 지역에서 활발하게 펼치고 있는 팀입니다.

오늘 들려드릴 2곡은 '요하네스 브람스의 헝가리 무곡 5번'과 '칼 젠킨스의 팔라디오' 인데요.

브람스의 헝가리 댄스 5번은 19세기 말에 작곡된 작품으로, 헝가리의 전통적인 댄스 음악을 현대적인 스타일로 재해석한 것이 특징입니다.

1853년, 브람스가 20살에 헝가리 출신의 바이올리니스트 레메니와 연주 여행을 하면서, 헝가리 음악에 대해 관심을 가지게 되었고, 점차 헝가리 무곡에 관심을 가지게 되었다고 합니다.

이 음악은 정말로 기분 좋아지는 멜로디와 리듬을 가지고 있어서 많은 사람들에게 사랑받고 있는 작품입니다.

다음곡은 칼 젠킨스의 팔라디오인데요.

현대 클래식 작곡가 칼 젠킨스가 르네상스 시대 이태리 건축가 안드레아 팔라디오의 건축물을 보고 영감받아 만든 곡으로 팔라디오는 1995년 완성한 현대 클래식으로 16세기 르네상스 건축가 팔라디오가 설계한 빌라 '알메리코 카프라'를 보고 영감을 받았습니다.

이 두 곡을 ( )의 연주로 청해듣겠습니다. 큰 박수로 맞이해주시기 바랍니다.

5. 사회자 멘트(1분)

마지막으로 연주곡은 ( ) 가 준비한 무대입니다.
수련 수녀 마리아와 폰 트라프 일가의 사랑을 그린 뮤지컬 영화 사운드 오브 뮤직의 ost 도레미송입니다.

Do-Re-Mi 송은 1959년 로저스와 해머스타인의 뮤지컬 《사운드 오브 뮤직》의 노래 중 하나로서 오스카 해머스타인 2세가 작사하였고, 리처드 로저스가 작곡하였습니다.

Do-Re-Mi 송은 ( ) 대표곡입니다. 연습 시작부터 무대에 올리기까지 많은 시간이 소요되었습니다. 핸드벨의 특성상 단체연주와 반복연습을 필요로 하는데요.

( )는 반복연습과 꾸준한 노력과 교육방법으로 인정받을 수 있었습니다.

(**) 의 대표곡입니다** 도레미송을 청해듣겠습니다. 큰 박수로 환영해주시기 바랍니다. ^^

도레미송(종료)

6. 사회자 클로징 멘트(1분 10초)

네 다시 한번 큰 박수 부탁드립니다.

어느덧 ( ) 정기연주회 마지막 무대입니다. 벌써 시간이 이렇게 흘렀네요.... 너무 아쉬우시죠~~
오늘 ( ) 의 정기연주회로 피로도 푸시고, 힐링 받는 금요일 저녁시간 되셨다면 더할 나위 없이 행복하고 영광인 하루가 될 것 같습니다.

저희가 마지막으로 준비한 곡은 Serenade to Spring(봄을 향한 세레나데)입니다.

Serenade to Spring 은 우리나라의 성악가 김동규님이 불러서 많은 인기를 얻고 있는 곡인데요.
원곡은 시크릿 가든의 Serenade to Spring(봄을 향한 세레나데)입니다.
봄이 우리나라에서는 가을로 변경된 셈이죠~~

이곡의 원작자는 피아노 연주와 작곡을 하는 남성과 바이올린을 연주하는 여성 으로 두명의 혼성 듀오 'The Secret Garden'인데요.

이 연주곡에다 우리나라의 김동규님이 가사를 붙여서 만든 곡이 '10월의 어느 멋진 날에'로 탄생된 곡이기도 합니다.

봄을 향한 세레나데는 오늘 저희가 준비한 협연으로 제 회 ( )의 정기연주회 하이라이트 무대입니다.

(게스트 팀), (게스트 팀), (호스트 무대)의 협연곡

'10월의 어느 멋진날에'를 청해 듣겠습니다.

그럼 마지막 무대도 끝까지 함께 해주시기 바라며 큰 박수와 함성 부탁드립니다.

지금까지 사회에 (사회자 이름)였습니다. 감사합니다.

4. 체육행사 개회식 시나리오

■ 사전안내(사회자)

- 잠시 후! 개회식을 시작하겠습니다. 선수단 여러분은 단상 앞으로 정렬하여 주시면 감사하겠습니다.

■ 개식통고(사회자)

– 그럼! 지금부터 제O회 OO 체육 대회 개회식을 시작하겠습니다.

■ 국민의례(사회자)

– 먼저! 국기에 대한 경례가 있겠습니다.
모두 일어나셔서 정면 국기를 향해 주시기 바랍니다.
국기에 대하여 경례(음악반주)
“바로”
– 다음은 호국 영령에 대한 묵념이 있겠습니다.
전체 묵념(음악반주) “바로”
이하 의례는 생략하도록 하겠습니다.

■ 내빈소개(사회자 또는 대회장)

– 다음은 오늘 대회를 축하해 주시기 위하여 참석하신 분들을 소개하겠습니다.
한 분 한 분 소개할 때마다 큰 박수를 부탁 드립니다.

– OO시민의 건강한 삶을 위해 노력하시는
OO시 체육회 OOO 회장님 참석하셨습니다.
– OO도 체육회 OOO 고문님 참석하셨습니다.
– 다음은 OO도 체육회 OOO 회장님 참석하셨습니다.

– 다음은 OOO 심의위원장님 참석하셨습니다.

- 다음은 OOO 생활체육관장협의회 회장님 참석하셨습니다.
- 다음은 OOO 전무님 참석하셨습니다.
- 다음은 OOO 이사님 참석하셨습니다.
- 다음은 OOO 이사님 참석하셨습니다.
- 다음은 OOO 경기위원장님 참석하셨습니다.
- 다음은 OOO 심판위원장님 참석하셨습니다.
- 기입-

다음은 OO시 체육회 임원을 소개해 드리도록 하겠습니다.
- OO시 체육회 OOO 고문님 참석하셨습니다.
- OO시 체육회 OOO 회장님 참석하셨습니다.
- OOO 부회장님 참석하셨습니다.
- OOO 전무이사님 참석하셨습니다.

다음은 OO시 체육회 이사님들을 일괄 소개해 드리겠습니다.
호명하시면 자리에 일어나 주시면 감사하겠습니다.

이 외에도 축하를 위해 많은 분들이 참석하셨지만 시간관계상 줄임을 양해해 주시기 바랍니다.

■ 개회선언

- 다음은 OO시 체육회 OOO 부회장님께서 개회선언을 해 주시겠습니다.
- 개회선언 -

■ 감사패

다음은 감사패 전달이 있겠습니다.

감사패 전달은 OO도 체육회장이신 OOO 회장님께서 하시겠습니다.

먼저! OO시 체육회 OOO 생활체육국장님께 감사패를 전달하도록 하겠습니다.

■ 환영사

– 이어서 OO시 시장님께서 체육 대회에 참가한 선수를 환영하는 환영사가 있겠습니다.

– 환영사 함 –

■ 대회사(OO도 체육회장)

– 다음은 OO도 체육회 OOO 회장님의 대회사가 있겠습니다.

– 대회사 함–

■ 격려사

– 이어서 OO시 체육회 OOO 회장님의 격려사가 있겠습니다.

– 격려사 함 –

■ 인사 말씀(OO시 체육회장)

– 다음은 OO시 체육회장님이신 OOO 회장님의 인사 말씀 축사가 있겠습니다.

– 인사 말씀 함 –

■ 선수대표 선서(대회장)

선수를 대표하여 ________님의 선수대표 선서가 있겠습니다.

선수대표는 단상 앞으로 나와 주시기 바랍니다.

선서문은 대회장이신 OO시 체육회 OOO 회장님께서

받으시겠습니다

앞으로 나와 주시기 바랍니다.

■ 심판대표 선서(대회장)

심판을 대표하여 ________님의 심판대표 선서가 있겠습니다.

심판대표는 단상 앞으로 나와 주시기 바랍니다.

선서문은 대회장이신 OO시 체육회 OOO 회장님께서

받으시겠습니다.

■ 폐식통고(사회자)

이상으로 제1회 체육 대회 개회식을 모두 마치겠습니다.

감사합니다.

참석하신 내빈께서는 기념사진 촬영이 있겠습니다.

본부석 앞으로 정렬해 주시면 감사하겠습니다. 지금까지 사회에 (   )이었습니다.

– 기념사진 촬영 –

5. 토크콘서트 시나리오

잠시 후 그린멘토 생활 토크콘서트가 이 자리에서 진행될 예정입니다. OOO 멘토와 OOO 멘토의 함께 실천할 수 있는 지구별을 위한 작은 행동, 지속가능한 패션이라는 주제로 강연이 있을 예정이니 많은 관심 부탁드립니다.

■ 토크콘서트 진행

- 오늘 토크콘서트 진행을 맡은 사회자 OOO입니다.
  여러분 많이 기다리셨죠. OOO 멘토님을 모셔 보겠습니다. 학부모 그린 멘토로서, 내가 그린 그린지구 환경모임 멤버로 활동 중이십니다. 오늘은 함께 실천할 수 있는 지구별을 위한 작은 실천 활동에 대해 함께 이야기 나눠 보고자 합니다.

- 멘토님. 열정적인 강의 감사드립니다.

- 10분 휴식 이후에 다음 강연 이어서 진행하도록 하겠습니다.

- 다음은 OOO 멘토님 소개드리겠습니다. OO동 마을학교 한들산들 마을교사 대표이자 사회적 협동조합 OOOO 이사장직을 역임하고 계십니다.

- 오늘 발표는 우리 삶의 필수 요소인 의복, 패스트 패션으로 인해 생기는 많은 문제들과 지속가능한 패션이라는 화두를 던지며, 우리가 어떤 행동을 해야 하는지 함께 알아보는 시간이 될 것입니다.

- OOO 멘토님 설명 부탁드립니다.

- 저도 지속가능한 패션을 위해 옷 입는 스타일을 고민해 봐야겠네요. 유익한 강의 감사합니다.

■ 토크콘서트 소개

- 잠시 후 그린 멘토 생활 토크콘서트가 이 자리에서 진행될 예정입니다. OOO 감독님과 OOO OO시 기후환경 정책관님의 기후위기와 영화제작일기, '탄소중립－바다의꿈'이라는 주제로 강연이 있을 예정이니 많은 관심 부탁드립니다.

■ 토크콘서트 진행

- 네. OOO 감독님 소개드리겠습니다. 2003년 일기장 다큐멘터리를 시작으로 다수의 다큐와 영화를 제작하였으며, 2013년 영화 '안녕, 투이(Thuy)' 독립영화로 부산 국제영화제 AC장편 독립영화상을 수상하셨습니다. 2021년 현재 '기후시민백과'라는 다큐멘터리 영화를 제작 중에 있습니다. 오늘 이 자리에서 '기후시민백과' 다큐를 제작하며 느낀 점을 공유해 주신다고 하십니다.

- 감사합니다.

- 네. 다음은 OOO OO시 기후환경 정책관님 소개해 드리겠습니다. 작년까지 OO시 지속가능 발전협의회 사무국장을 역임하시고, 현재 OO시 기후환경 정책관으로 활동하고 계십니다.

- 오늘은 기후위기 대응을 위한 탄소 흡수원으로서 바다의 중요성과 미래 먹을거리, 생태관광으로서의 바다의 중요성에 대해 이야기하고자 합니다.

- 네. 감사합니다. 바다(해양)이 얼마나 중요한지 저도 이번 기회에 알게 되는 소중한 기회였습니다. 잘 들었습니다.

■ 토크콘서트 소개

- 잠시 후 그린 멘토 생활 토크콘서트가 이 자리에서 진행될 예정입니다. OOO 작가님과 OOO 박사의 '우포늪 위에 따오기 날다, 기후변화와 생물다양성 위기'라는 주제로 강연이 있을 예정입니다. 많은 관심 부탁드립니다.

■ 토크콘서트 진행

- OOO 작가님 소개드리겠습니다. 자연과 정화에 대한 관심으로 우포늪을 찍는 사진작가로 MBC환경 캠페인 공익광고와 로드리포터, VLUU등 각종 사진전문 잡지에 자연풍경 등을 기고하고 계십니다. 2008년 세계 람사르 총회 공식사진가로 초청되었으며, 개인전 29회, 단체전 300여 회 등 아트바젤 외 다수의 아트페어에 참가하는 대한민국 명실상부 자연풍경 전문 사진작가님이십니다. 설명 부탁드립니다.

- 감사합니다. 작가님 사진을 통해서 본 자연의 아름다움과 우리가 지켜야 할 소중한 지구에 대한 당위성을 느끼게 해 주신 멋진 작품들이었습니다. 감사합니다.

- 다음으로 OOO 박사님 모시겠습니다. OOO도 람사르환경재단에서 습지 생태계 보전, 환경교육, 국내외 네트워크 등의 사업을 시행하다 올해 21년 4월 설립한 (사)OO생태관광협회장으로 건전한 생태 문화관광 활성화를 위해서 다양한 사업을 추진하고 계십니다.

- 감사합니다. 기후변화가 생물다양성에 미치는 내용이 우리에게까지 이렇게 영향을 주는지 다시 한번 깨닫게 되었습니다. 좋은 내용의 강연 감사합니다. 함께해 주신 여러분 진심으로 감사드립니다. 안녕히 돌아가십시오.

생각해 봅시다

1. 다양한 원고들을 낭독해 보자.
2. 나에게 잘 맞는 원고들이 있다면 연습하여 익혀 보자.
3. 자신이 가장 자신 있는 분야에서 행사 진행 MC 역할을 해 보자.

PART 3

시각적 스피치와 프레젠테이션

시각적 스피치

학습목표

1. 시각적 언어를 이해할 수 있다.
2. 메리비안 차트를 설명할 수 있다.
3. 시각적인 언어의 요소를 이해한다.

Chapter

07

스피치 능력은 내가 속한 조직 안에서 나를 나타내고 평가받는 중요한 수단이다. 전공분야에서 전문지식이 뛰어나도 전달능력이 떨어진다면 능력을 제대로 평가받지 못한다. 본인의 가지고 있는 장점과 능력에 시각적인 언어를 통해 체계적으로 학습하고 노력하여 스피치 능력을 향상시키도록 하자.

1. 시각적 스피치

시각적 스피치는 말이 아닌 몸의 움직임과 표현을 통해 전달하는 비언어적인 의사소통을 의미하며 의사소통과 일상적인 상호작용에서 중요한 역할을 한다. 스피치에서 시각적 언어를 이해하고 표현하는 데 활용하는 것으로 상대의 생각, 의도, 감정을 이해하는 데 큰 도움이 된다. 표정, 눈빛, 손동작, 신체 움직임, 자세, 용모, 복장 등을 통해 감정, 태도, 의도 등을 명확하게 전달할 수 있다.

시각적인 언어는 성격, 상황, 문화 등에 따라 다양하게 해석되고, 스피치의 맥락을 파악하여 이해할 수 있다. 언어적 스피치는 소멸되지만 시각적 스피치는 각인된다.

1) 메리비안 차트 이해

미국의 사회심리학자 앨버트 메리비안 교수의 연구 결과에 의하면 대화 중에 상대에게 전달되는 시각적 정보, 청각적 정보, 언어적 요소가 있다고 분석하였다. 스피치에서 언어적 요소보다 시각적인 요소가 더 크게 영향을 미친다는 것을 알 수 있다.

스피치에서 지각되는 요소 = 시각적(55%) + 청각적(38%) + 말의 내용(7%)

- 시각적 요소(55%): 겉모습, 표정, 시선, 옷차림, 태도, 제스처, 자세 등
- 청각적 요소(38%): 목소리 톤, 발음, 속도, 어조, 어감, 억양 등
- 언어적 요소(7%): 말의 내용, 말의 구성, 논리적 구성, 어휘력 등

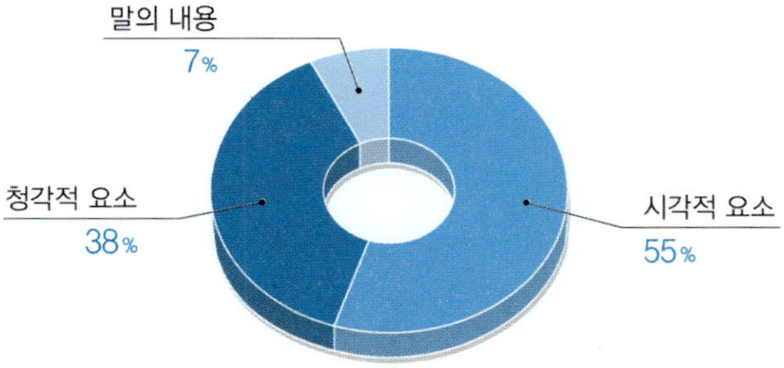

메리비안 차트

전달하고자 하는 메시지는 7%만이 언어를 통해 전달되고 나머지 93%는 시각적 스피치, 즉 비언어적 스피치로 전달되므로 나의 분석을 통해 변화해 보자.

– 현재 나의 시각적 요소와 청각적 요소를 분석해 보자.

- 시각적 요소

- 청각적 요소

– 변화하고 싶은 나의 시각적 요소와 청각적 요소를 적어 보자.

- 시각적 요소

- 청각적 요소

2. 시각적 스피치 익히기

1) 표정

- 표정은 감정이나 생각을 가장 잘 표현하는 시각적 커뮤니케이션 수단이다.
- 표정은 얼굴에 드러나는 심리와 감정, 정서를 나타내며 부드러운 표정, 미소를 많이 짓는 사람은 좋은 평가를 받는다.
- 밝은 표정으로 상대에게 좋은 이미지를 전달하고 원만한 대인관계와 사회생활을 이어 갈 수 있도록 호감 가는 표정을 만드는 노력이 필요하다.
- 호감 가는 밝은 표정으로 상대에게 긍정적인 이미지를 전달하고 스피치에서는 상황과 내용에 맞도록 얼굴표정에 변화를 주며 전달력을 높인다.

(1) 나의 밝은 표정 점수

나의 표정 점수는 몇 점일까? 밝은 표정을 연출하기 위해 나의 장단점을 확인하고 부족한 부분은 노력과 습관으로 호감 가는 표정을 연출하도록 노력한다.

- 나의 미소 짓는 얼굴이 마음에 든다.
- 나의 표정이 밝다고 칭찬을 받은 경험이 있다.
- 웃을 때 입을 좌우로 최대한 올린다.
- 웃을 때 위쪽 치아가 많이 보인다.
- 웃을 때 입 끝이 위로 향한다.
- 웃을 때 손으로 입을 가리지 않는다.

- 항상 미소 지으려고 노력한다.
- 사람을 대할 때 자연스러운 웃는 표정을 만든다.
- 환하게 미소 짓는 얼굴이 건강에 좋다고 생각한다.
- 내 웃는 얼굴은 밝고 자신감이 있는 표정이다.

밝은 미소와 호감 가는 표정은 상대에게 좋은 이미지를 전달하며 대인관계형성의 중요한 요소이다.

(2) 단계별 미소 연습

미소는 작은 미소, 보통 미소, 큰 미소가 있으며 장소, 상황에 따라 잔잔한 미소, 밝은 미소, 환한 미소를 짓도록 한다. 미소 연습을 반복하여 밝고 아름다운 미소를 갖도록 노력한다.

① 작은 미소

- 입으로 '음' 소리를 내며 눈웃음을 짓는다.
- 입꼬리를 양쪽 끝 위로 올리며 치아가 3~4개 보이도록 미소 짓는다.
- 입 주변의 근육을 풀어 주며 반복적으로 연습한다.
- 미소를 10초 이상 유지한 후 다시 반복한다.

② 보통 미소

- 입꼬리를 오른쪽, 왼쪽으로 올리며 입 주변 근육을 풀어 준다.
- 입꼬리를 양쪽 끝을 위로 올리며 치아가 5~6개 보이도록 미소 짓는다.
- 입꼬리의 양쪽 끝이 똑같이 올라가도록 한다.
- 눈도 함께 웃어 자연스러운 미소를 10초 이상 유지한다.

③ 큰 미소

- 입을 최대한 벌리고 '아, 에, 이, 오, 우'의 입모양을 만들며 입 주위 근육을 풀어 준다.
- 최대한 입 꼬리 끝을 양쪽 끝으로 올리고 치아가 8개 이상 보이도록 활짝 웃는다.
- 눈도 함께 웃으며 큰 미소를 10초 이상 유지하는 연습을 반복한다.

미소 연습을 통해 본인에게 어울리는 미소와 스피치를 할 때 자연스러운 표정을 낼 수 있도록 반복적으로 연습한다. 미소를 지을 때는 눈도 함께 웃으며 입꼬리는 양쪽이 수평을 이루며 이야기하는 습관을 갖도록 한다.

2) 시선교환

올바른 시선교환은 전달력, 신뢰도, 호감과 긍정적인 영향을 준다.

스피치의 효과를 높이기 위해 긍정적인 시선을 교환하여 정서적 교감이 형성되도록 노력해야 한다. 눈동자의 움직임은 중요한 시각적인 언어의 한 부분이다.

(1) 올바른 시선교환

① 상대의 눈을 바라본다(약 3초 정도).

② 상대의 미간(눈과 눈 사이)을 바라본다.

③ 시선을 옆 사람에게 이동할 때는 얼굴을 돌려 검은 눈동자가 눈 중앙에 위치하게 한다.(눈동자만 돌리면 째려보는 느낌, 부정적인 느낌이 전달된다.)

④ 대화 중에는 상대의 시선에 집중한다.

3) 인사

인사는 상대방에 대한 존중의 표현이며 인간관계의 시작이며 마무리다. 인사는 본인의 교양과 인격의 표현으로 자연스럽게 나오도록 한다.

(1) 인사하는 방법

① 시선은 정면을 바라보고 밝은 표정을 유지한다.

② 머리, 목, 허리가 일직선을 유지하며 상체를 숙이고, 시선은 발끝 1m 앞쪽을 바라본다.

③ 상체를 숙인 상태에서 1~2초간 멈춘다.

④ 상체를 숙일 때보다 천천히 일어난다.

⑤ 자세를 바르게 하고 상대방의 눈을 보며 밝은 미소를 띤다.

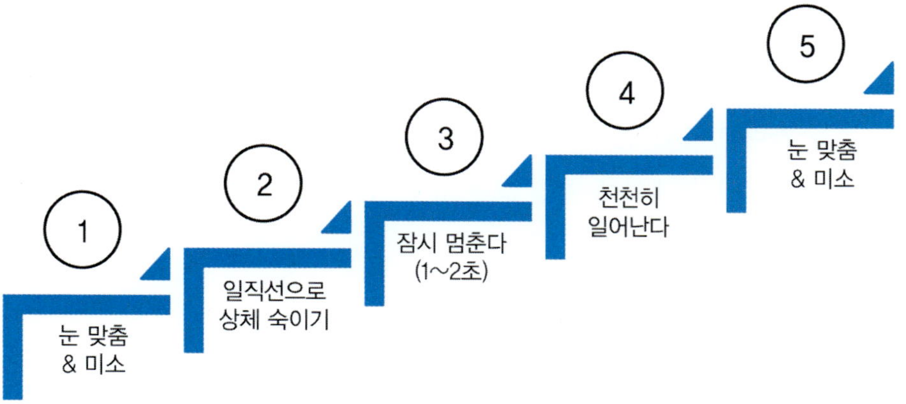

(2) 인사 시 주의사항

- 인사는 내가 먼저 한다.
- 인사는 밝은 표정으로 상대를 바라보며 한다.
- 인사는 망설이지 않고 바로 하여 호감을 표현한다.
- 인사는 형식적으로 하는 것이 아니라 진심을 담아서 한다.
- 인사는 상황에 적합한 인사말로 긍정적인 효과를 만든다.

4) 자세, 제스처

상대를 바라볼 때 가장 먼저 시선이 얼굴에 가고 다음으로 손의 움직임에 시선이 가며 자세는 목소리의 변화에 맞게 이루어져야 한다. 메시지를 정확하게 전달하고, 강조할 때 듣는 사람의 시선을 집중시키기 위해 제스처를 활용한다. 스피치에서 활용할 수 있는 긍정적인 자세와 제스처를 만들어 보자.

(1) 턱

① 턱은 위로 올리거나 아래로 당겨지지 않도록 하여 자연스럽게 유지한다.
② 턱을 올리면 거만하고 권위적인 인상과 상대를 무시하는 듯하게 보인다.
③ 턱을 내리면 상대의 눈치를 보는 듯한 인상으로 자신감이 없어 보인다.

(2) 손의 자세

손의 활용에 따라 의사전달의 효과를 극대화시킬 수 있으며, 손에 움직임은 말의 내용을 강조하고 보조하는 작용을 한다. 손을 활용하면 단조로움을 방지하며 의사소통을 풍요롭게 할 수 있다.

① 어깨의 힘을 빼고 자연스럽게 차렷 자세를 하고 손은 계란을 쥔 모양을 한다.
② 손 제스처를 할 때: 양팔을 겨드랑이에 자연스럽게 붙여 손으로 네모 모양을 그려 본다. 그려진 네모 안에서 손의 제스처를 해야 자연스럽다(네모 모양보다 크게 손의 제스처를 여러 번 하게 되면 산만한 느낌을 줄 수 있다.). 제스처는 강조할 때, 감정을 나타낼 때, 설명할 때 사용하면 효과적이다.
③ 사람이나 사물을 지목할 때는 손바닥을 곧게 펴서 전체를 가리킨다.
(손가락으로 가리키면 실례이다.)
④ 마이크를 사용할 경우는 다른 팔은 자연스럽게 아랫배 쪽에 'ㄴ'자 모양 또는 하의(바지 또는 스커트) 재봉선에 자연스럽게 붙인다.
⑤ 제스처를 많이 사용하게 되면 산만해 보일 수 있고 집중도를 떨어뜨린다.
(절도 있게 움직이고 제스처는 필요시에만 적절한 사용을 한다.)
⑥ 팔짱을 끼거나, 주머니에 손을 넣지 않는다.

(3) 바른 자세

① 머리, 등, 허리선을 곧게 펴고 가슴을 내밀지 않는다.

② 다리는 힘을 주고 무릎과 발꿈치를 붙이고 양발을 가지런히 모은다.

③ 배를 앞으로 내밀지 않으며 엉덩이를 뒤로 당긴다.

④ 몸의 균형을 유지하여 편안한 분위기를 전달한다.

(4) 시각적 스피치의 주의 사항

	주의 사항
표정	구사하는 언어 표현에 맞는 표정을 짓는다.
시선	상대의 눈을 바라보며 불편하면 미간, 콧등을 본다.
자세	바른 자세를 유지한다.
제스처	말의 일부분이라 생각하여 자연스럽게 행동한다.

5) 용모와 복장

단정하고 깔끔한 용모 복장은 상대에게 좋은 이미지를 전달하고, 용모는 신분을 나타내는 중요한 역할을 한다.

(1) 여성의 용모, 복장

① 여성의 정장은 스커트 정장과 바지 정장으로 본인에게 어울리고 선호하는 복장을 깔끔하게 착용한다.

② 복장은 구김이 가지 않도록 하고 청결을 유지한다.

③ 스커트 착용 시 스타킹은 커피색, 살구색이 무난하다.

④ 자연스럽고 적당한 화장(눈 화장과 입술 화장은 기본)을 한다.

⑤ 헤어스타일은 손질이 쉬우며, 단정하게 한다(지나친 파마나 염색은 하지

않는다.).

⑥ 액세서리는 심플한 디자인으로 복장과 어울리는 것으로 포인트를 준다.

⑦ 구두는 앞이 막힌 펌프스 형으로 굽은 3~7cm 정도가 적당하며 청결을 유지한다.

(2) 남성의 용모, 복장

① 남성 정장의 색상은 감색(Navy blue), 다크 네이비(Dark navy)를 기본으로 본인에게 어울리게 착용한다.

② 드레스셔츠는 흰색을 기본으로 하고 목둘레는 손가락 두 개 정도 들어갈 여유를 두면 답답하지 않고 보기도 좋다.

③ 드레스셔츠 소매 길이는 양복 소매 밖으로 1~2cm 정도 나오는 것이 적당하며 청결을 유지한다.

④ 넥타이 색상은 양복의 같은 계열이나 보색계열로 깔끔하게 착용하며, 넥타이 길이는 벨트 버클의 3분의 1 정도 오도록 맨다.

⑤ 헤어스타일은 이마가 보이도록 스프레이나 왁스로 고정하며, 옆머리는 귀가 보이도록 하고, 뒷머리는 드레스셔츠 깃에 닿지 않도록 한다.

⑥ 양말은 검정계열이나 청색계열이 적합하며 흰색 양말이나 목이 짧은 양말은 착용하지 않는다.

⑦ 구두는 검정색의 정장용으로 청결한 상태를 유지하도록 잘 닦아 착용한다.

(3) 성공적인 용모, 복장의 기본점검 포인트

① 복장은 깔끔하고 구김이 없는 청결한 상태를 유지한다.

② 복장의 깃 부분과 소매는 항상 깨끗한지 확인한다.

③ 복장의 다림질 상태를 확인한다.

④ 복장과 어울리는 메이크업과 헤어를 하도록 한다.

⑤ 헤어는 깔끔한 상태를 유지하며 비듬관리와 악취가 나지 않도록 한다.

⑥ 손톱은 짧게 깎아 단정하고 청결을 유지한다.

⑦ 남성의 경우 면도를 깔끔하게 한다.

⑧ 넥타이, 상의, 소매 끝에 이물질이 묻지 않도록 주의한다.

⑨ 구두는 깨끗하게 닦고 구두굽이 닳아 소리가 나기 전에 교체한다.

생각해 봅시다

1. 메리비안 차트에 대해 설명해 보자.
2. 단계별 미소에서 작은 미소, 보통 미소, 큰 미소 짓는 방법을 연습하여 익혀 보자.
3. 깔끔하고 단정한 용모, 복장에 대해 말해 보자.

프레젠이션 기법과 PPT 작성과 발표

학습목표

1. 프레젠테이션의 정의를 이해할 수 있다.
2. 프레젠테이션의 요소를 설명할 수 있다.
3. PPT 작성방법을 이해하고 활용할 수 있다.

Chapter 08

1.

프레젠테이션(시청각설명회, 視聽覺說明會, presentation, PT, 발표)의 정의

프레젠테이션은 정보나 사업방향, 업무에 대한 나아갈 방향, 계획안, 브리핑 등 특정 주제에 대하여 슬라이드, 이미지, 차트 등의 보조 자료와 형식을 활용하여 발표자(presenter)가 청중에게 정보·사실·의견을 명확하게 설명하고 공유하는 과정이다.

2.

프레젠테이션의 중요성

- 프레젠테이션은 정해진 시간 안에 수립된 목표를 이루기 위해 발표 내용·전달할 정보·발표자의 의견 등을 논리적으로 설득하고 효과적으로 전달해야 한다.
- 직장에서 업무의 한 부분으로 프레젠테이션을 통해 능력평가가 이루어지며, 학교에서도 팀 프로젝트, 조별 과제, 개인 발표 수업의 진행으로 프레젠테이션의 중요성이 요구된다.
- 철저히 준비하고 연습하여 지식, 사실, 의견 등을 효과적으로 전달하여 프레젠테이션 능력을 키우도록 한다.

3. 프레젠테이션의 목적

프레젠테이션은 정보 전달, 설득, 학습효과의 목적으로 나눌 수 있다. 목적과 비중을 명확하게 이해하고 메시지 전달에 따라 프레젠테이션을 설계하고 발표의 내용과 흐름을 다르게 준비하여 한다.

1) 정보 전달이 목적

- 발표하는 주제의 자료를 충분히 조사하여 명확하고 알기 쉽게 설명해야 한다.
- 청중에게 도움이 되도록 구조화된 내용으로 시각적 자료를 활용하고 간결한 언어를 사용하여 지식과 필요한 정보를 전달하는 목적의 프레젠테이션이다.

예) 각종 세미나, 정책과 업무 보고, 과학적 연구, 제품 런칭 및 광고, 건강 정보 사례, 대학입시 설명 등

2) 설득이 목적

- 프레젠테이션을 통해 신념, 가치관, 행동 등을 의도하는 방향으로 청중을 설득하고 변화시키도록 한다.
- 설득을 위한 프레젠테이션은 정확한 청중파악, 주제에 대한 이해, 주제에

대한 발표 목적을 통하여 청중의 행동, 태도, 믿음을 강력한 메시지와 명확한 논리로 설득 스킬을 준비하여 설계한다.

예) 사업 설명회, 투자 발표회, 제품설명회, 제도 개선방안, 사회 캠페인 등

3) 학습이 목적

- 교육적인 방법으로 지식을 전달하고 새로운 정보와 개념을 습득하도록 하여 학습을 위한 동기부여를 할 수 있다.
- 학습내용과 데이터를 시각화하고 설명하여 학습에 필요한 정보를 제공하고 청중의 참여도와 이해도 향상을 위해 학습전략과 학습도구를 활용하여 준비한다.

예) 직무강의, 온라인콘텐츠 프레젠테이션, 학술세미나, 교육 워크숍

4. 프레젠테이션의 4P

효과적인 프레젠테이션을 위해 발표를 담당하는 발표자, 전달하려는 발표주제 및 내용, 발표를 듣는 청중분석, 발표장소와 환경 분석을 통해 완벽한 준비를 필요로 한다.

1) 발표자(Presenter)

- 프리젠터는 프레젠테이션을 이끌며 주제의 목적에 맞도록 발표내용을 완벽히 준비하고 음성, 발음, 태도, 자세, 용모, 복장 등 외적이미지도 갖추도록 준비한다.
- 외적이미지에 따라 결과가 다르게 평가될 수 있으며 성공적인 프레젠테이션을 위해 프리젠터는 평소에도 자연스러운 발표를 위해 부단한 노력과 연습을 해야 한다.
- 많은 연습 과정을 통해 주제를 완벽하게 전달하며 전문지식과 전달능력, 신뢰감, 자신감을 갖추도록 한다.

(1) 전문성

① 성공적인 프레젠테이션을 위해 전문적인 지식과 풍부한 경험을 갖춘다.

② 전문성과 경험을 기반으로 권위를 높이며, 문제점이 발생 시 명확한 해결책을 제시한다.

③ 프레젠테이션과 관련된 정보와 지식을 연구, 수집, 분석하여 지식을 넓힌다.

④ 피드백을 하고 평가를 통해 계속 발전하는 모습을 만든다.

(2) 전달능력

① 효과적으로 전달하기 위해 밝고 또렷한 목소리로 정확하게 발음해야 한다.

② 발성 연습과 복식호흡 연습을 꾸준히 하여 나만의 좋은 목소리를 만들도록 노력한다.

③ 말의 속도는 빠르지 않게 또박또박 정확히 연습을 한다.

④ 거울을 보면서 큰 목소리로 연습하고, 녹음해서 들어 보고, 동영상을 촬영하며 피드백을 하며 전달력을 높이도록 훈련한다(전달력이 좋으면 호감과

신뢰도를 높여 청중들이 집중하는 효과를 얻을 수 있다.).

⑤ 프리젠터로서 스피치트레이닝과 시각적 이미지를 연구하고 나에게 어울리는 스킬을 갖추어 전달능력을 높인다.

(3) 신뢰감

① 청중에게 신뢰감을 준다는 것은 매우 중요하며, 신뢰를 받지 못하면 말의 내용이 논리적이더라도 진정성이 없어 보여 설득이 어렵게 된다.

② 말과 표정, 행동을 일치시켜 일관성 있는 프레젠테이션을 진행하고, 평상시에도 언행일치로 신뢰감을 높인다.

(4) 자신감

① 연습을 많이 했어도 발표를 하는 자리에서는 두려움과 긴장감이 느껴지므로, 잘할 수 있다는 암시를 한다.

② 천천히 깊은 심호흡과 마인드 컨트롤을 통해 이미지트레이닝을 하여 안정을 찾는다.

③ 실수하면 어쩌나 하는 조바심은 가질 수 있지만, 열심히 연습한 스스로를 믿고 자신감을 갖고 열정적으로 프레젠테이션에 임한다.

2) 발표 주제 및 내용(Purpose)

(1) 전달하려고 하는 메시지를 시각화하여 주제와 주장을 효과적으로 나타내고 논리적으로 설명할 수 있도록 슬라이드를 제작한다.

(2) 슬라이드는 청중의 시청각 감각을 통해 집중과 관심을 지속시켜 주는 중요한 기능으로 감성적인 부분과 기술적인 요소가 나타나도록 한다.

(3) 프레젠테이션의 목적인 설득과 소통을 위해 슬라이드를 제작할 때 전략이

필요하다.

(4) 프레젠테이션이 청중의 생각이 변화하도록 하기 위한 것인지, 행동에 옮기도록 하기 위한 것인지, 관심을 유도하도록 하는 것인지, 혁신을 위한 것인지 등 목적을 정확히 파악하여 부합하도록 자료를 수집하고 내용과 스타일을 구성하여 목차와 디자인, 문구, 매수, 효과 등을 설계하여 가독성 높은 슬라이드를 작성한다.

3) 청중(People)

(1) 청중의 성향과 구성원을 분석하여 발표내용과 적절한 언어, 형식을 준비한다.

(2) 무엇을 듣고 싶어 하는지, 주제에 대한 사전지식은 어떠한지, 관심도와 참석의 목적 등을 조사하여 발표내용을 준비한다.

(3) 전달하고자 하는 주제를 청중과 함께하고 그에 맞는 설득과 전달 방법을 철저히 연습한다.

(4) 청중에게 정확한 전달을 하여 신뢰를 주고 교감할 수 있도록 노력한다.

4) 장소, 환경(Place)

(1) 장소와 환경은 중요한 요소이므로 언제, 어디에서, 어떤 장비 및 도구가 비치되어 있는지 프레젠테이션을 진행하기 전에 장소를 방문한다.

(2) 프레젠테이션을 할 장소가 10명 이내 소규모 회의실인지, 20~30명 강의실인지, 50명 이상의 대회의실 및 강당인지에 따라 발표자가 준비하는 것을 다르게 해야 한다.

(3) 빔 프로젝터를 사용하여 동영상 시청이 가능한지, 인터넷 연결과 마이크를 사용할 수 있는지, 자리 배열은 어떻게 되는지 등이 발표에 영향을 주는 환경적인 요소이다.

(4) 프레젠테이션에 필요한 전반적인 요소들을 사전에 반드시 점검하여 사소한 실수도 일어나지 않도록 철저히 준비한다.

장소, 환경 체크리스트		
장소의 크기	청중의 수에 따라 강의실의 크기가 적정한가? 크거나 작지 않은가?	
책상, 의자의 배열	책상과 의자는 원하는 배열로 한다.	
기자재의 배치	빔 프로젝터, 컴퓨터, 음향기기, 마이크, 레이저 포인터 등 기자재를 사전에 점검한다.	
전기 콘센트	콘센트의 사용 개수 확인	
마이크 종류	핀 마이크, 무선 마이크, 유선 마이크와 소리의 크기 조절	

5. PPT의 작성 준비

1) 주제 정하기

(1) 주제는 구체적이고 명확한 것으로 정한다.

(2) 청중을 파악하고, 주제와 내용의 니즈파악, 장소와 환경을 사전 분석한다.

2) 자료 조사와 정리

(1) 자료 조사 방법

프레젠테이션에서 활용될 정보는 최근의 자료로 정확하고 출처가 명확해야 되며 직접 정보를 조사하고 수집하도록 노력한다. 필요한 자료 조사 방법에 대해 알아보자.

① 문헌, 서적 자료
② 인터넷 검색 자료
③ 시청각 자료
④ 현장 체험과 탐방
⑤ 실험과 관찰
⑥ 인터뷰와 설문조사

(2) 조사된 자료 정리

① 조사된 자료를 발표 목차에 분류한다.
② 분류된 자료는 꼼꼼하게 확인하여 사용할 자료를 분류한다.
③ 분류된 자료는 요약하고 정리한다.

(3) 조사된 자료를 사용할 때 주의사항

① 최신 자료를 수집하여 사용한다.
② 조사된 자료의 출처를 명확하게 밝힌다.

- 도서에서 인용: 저자(출판연도), 책제목, 출판사, 해당 페이지
- 논문, 학술저널에서 인용: 논문명/저널명, 출판사, 출판연도 해당 호, 해당 페이지
- 신문에서 인용: 저자명, 제목명, 일자

- 인터넷에서 인용: 주소창에 뜨는 부분을 모두 표기한다.
- 이미지 인용: 그림, 사진의 출처를 밝힌다.

3) PPT의 내용구성

	내용	포인트	시간안배
서론 (도입)	• 아이스 브레이킹 • 동기부여 • 주제 소개	• 인사와 자기소개 • 주제 관련 질문 관심 유도 • 본론 내용 소개	10%/ 15%
본론 (전개)	• 내용의 설명 • 경험, 예시 • 주요 포인트 요약	• 구체적인 내용 두괄식으로 전개 • 사례, 예시와 경험을 통한 설명 • 요약정리	80%/ 70%
결론 (마무리)	• 주요 포인트 반복 전달 • 질문 확인 • 최종 마무리	• 핵심내용 요약 재강조와 재동기 부여 • 질의응답 • 경청에 대한 감사인사	10%/ 15%

성공적인 프레젠테이션을 위해 PPT는 주제에 맞추어 체계적인 구성으로 작성하여 프레젠테이션의 완성도를 높이도록 한다.

(1) PPT 제작의 기본 스킬

프레젠테이션의 자료작성은 발표의 기초를 잡아 주는 것으로, 서론과 본론, 결론으로 나누어 제작한다.

① 제작 시 유의사항

- 프레젠테이션의 주제에 맞게 슬라이드에 내용을 도입(서론), 본론, 결론으로 나누어 정리하여 구성한다.
- 슬라이드 디자인은 각 슬라이드 레이아웃을 선택하여 텍스트, 도표, 이미지 등을 활용하고 통일감을 주는 시각적인 디자인을 배치한다.

- 텍스트 작성은 가독성을 높이기 위해 간결하고 명확한 문구를 사용한다. 글자의 스타일, 크기, 색상을 일관되게 사용한다.
- 내용은 간결하게 작성한다. 여백이 없고 글자가 많으면 가독성이 떨어진다.
- 글자색과 글자크기는 잘 보이도록 배경색을 고려하여 적절히 선택한다.
- 애니메이션 전환 효과를 적절하게 사용하여 집중효과를 높이도록 한다.
- 색상은 많이 사용하지 않는다. 많은 색상을 사용하면 산만해 보이고 집중력도 떨어진다.
- 전환 효과, 효과음, 애니메이션 기능을 지나치게 사용하면 청중들이 피로감을 느낄 수 있다.
- 자료를 인용할 때는 출처를 밝히고, 저작권 사용은 합법적으로 한다.
- 미리보기를 통해 내용의 흐름을 확인하고 수정한다.
- 문법, 맞춤법, 띄어쓰기, 오·탈자 등은 여러 번 검토한다.

(2) 발표 시나리오 제작과 연습

발표 시나리오는 연기자에게 대본과 같다.

연기자(발표자)가 무대(강단)에서 실수하지 않도록 대본(발표 시나리오)을 상세히 작성하여 반복 연습을 해서 외우도록 한다.

① 시나리오를 작성하여 체계화된 발표와 발표 시 느낄 수 있는 불안감을 해소시켜 안정감과 자신감을 가질 수 있다.

② 슬라이드 노트에 발표 시나리오를 상세히 적는다.

③ A4에 여러 장의 슬라이드를 인쇄하여 내용을 숙지하며 연습한다.

④ 발표 시나리오에 의존해 책 읽듯이 부자연스럽게 발표가 되지 않도록 녹음, 동영상을 촬영하여 피드백 한다.

(3) 연습 시 체크리스트

	체크항목	평가
1	긴장감 없이 자연스러운 첫인상을 주었나?	1 2 3 4 5
2	동기부여로 청중들을 집중시켰나?	1 2 3 4 5
3	청중의 시선을 정확히 마주쳤나?	1 2 3 4 5
4	시선의 이동이 자연스러웠나?	1 2 3 4 5
5	자세는 청중을 향하고 있었나?	1 2 3 4 5
6	불필요한 행동은 없었나?	1 2 3 4 5
7	예의 바른 태도였나?	1 2 3 4 5
8	말의 속도는 적절했나?	1 2 3 4 5
9	발음은 정확했나?	1 2 3 4 5
10	목소리의 크기는 적절했나?	1 2 3 4 5
11	용모, 복장은 단정하고 깔끔했나?	1 2 3 4 5
12	발표 내용의 흐름이 자연스러웠는가?	1 2 3 4 5
13	시간 조절은 잘했나?	1 2 3 4 5
14	질의응답에 어려움은 없었나?	1 2 3 4 5
15	기자재 사용에 어려움은 없었나?	1 2 3 4 5
16	성공적인 프레젠테이션을 하였나?	1 2 3 4 5
비고		

6. 실전 프레젠테이션

1) 프레젠테이션 전 필수 점검사항

발표 당일은 프레젠테이션 장소에 30분 전에 도착하여 성공적인 프레젠테이션을 위하여 점검사항을 한다.

(1) 프레젠테이션 자료: 슬라이드자료, 프레젠테이션 시나리오, 유인물, 레이저 포인터 점검

(2) 기자재: 컴퓨터, 빔 프로젝터, 음향기기, 마이크, 책상과 의자의 배열, 화이트보드와 보드마카, 벽시계의 위치 점검

(3) 슬라이드 쇼를 실행하여 확인 후 첫 장을 띄워 놓고 경쾌한 음악을 잔잔하게 틀어 놓는다.

2) 프레젠터의 시각적 이미지

(1) 프레젠테이션의 평가는 내용을 전달하는 음성, 발음, 억양, 말투가 중요한 요소로 작용하고, 프레젠터의 인사, 표정, 태도, 용모 · 복장, 메이크업 등의 시각적인 이미지로 청중들은 집중과 호응이 다를 수 있다.

(2) 시선처리 방법

① 프레젠테이션에서 시선처리는 제2의 커뮤니케이션으로 매우 중요한 요소이다.

② 청중과 일대일로 대화하듯 편안한 시선으로 오른쪽, 중간, 왼쪽으로 천천히 고르게 눈 맞춤한다.

③ 프레젠터의 시선이 잘 가지 않는 강의실에 양쪽 끝은 사각지대이므로 의식적으로 시선을 골고루 준다.

④ 시선처리를 시계방향으로 3시, 6시, 9시, 12시 방향에서 12시, 9시, 6시, 3시 방향으로 자연스럽게 천천히 이동한다.

3) 청중과의 커뮤니케이션

(1) 프레젠터와 청중과의 원활한 커뮤니케이션을 위해 질문, 게임, 퀴즈 등을 미리 준비하여 집중도를 높인다.

(2) 청중에게 질문은 개방형으로 하는 것이 좋다.

① 개방형 질문: 상대방의 의견을 묻는 것으로 여러 가지 의견을 답할 수 있다.

예) '강아지를 키우면 어떤 점이 좋은가요?'

'좋은 성과를 내기 위해 어떠한 노력을 하였나요?'

② 폐쇄형 질문: 정답이 있거나 '네' 또는 '아니요'

예) '강아지 키우세요?'

'운동은 저녁에 하세요?'

(3) 쉬운 질문을 한다.

① 어려운 질문을 하거나 답하기 곤란한 질문을 하게 되면 청중은 당황하거나 소극적인 태도를 보일 수 있으며 강의 분위기가 안 좋아질 수 있으므로 편안하게 답변할 수 있는 질문을 한다.

② 좋은 답변에는 반드시 칭찬을 한다.

예) '네. 그렇군요. 예리하시네요.' '정확히 알고 계시네요.'

그렇지 못한 답변, 원하는 답이 아니더라도 긍정적으로 대한다.

'그렇게 생각할 수 있겠네요.' '그렇군요.'

4) 위기상황에 대처 방법

프레젠테이션 할 내용을 완벽하게 준비를 하였음에도 불구하고 생각지 못한 돌발 상황이 발생할 경우가 종종 있다. 당황하지 말고 의연하게 대처하는 방법을 알아보자.

(1) 기자재가 갑작스럽게 작동되지 않을 때

① 잘 작동되던 노트북, 빔 프로젝트, 마이크, 레이저 포인트 등이 갑자기 멈춘다면 많이 당황하게 된다. 청중들에게 양해를 구하고 담당자에게 알려 빠르게 조치한다. 이때 당황하거나 긴장하지 말고 언제든지 일어날 수 있는 상황이므로 청중들과는 가볍게 질문을 하거나, 간단한 게임 등을 하도록 한다.

예) – '빔 프로젝트가 살짝 힘든가 봐요. 여러분은 어떠세요?'

– 주제 관련 질문, 옆 사람에게 간단하게 묻고 답할 수 있는 팀 활동을 하도록 한다.

② 정상 작동하는 데 오랜 시간이 소요된다면 10분~15분 정도 휴식을 갖도록 한다.

③ 기자재가 정상 작동해서 발표가 다시 시작되면 간단한 사과로 밝은 분위기를 만들어 프레젠터의 융통성과 유연성을 보여 준다.

(2) 곤란한 질문에 대처방법

① 잘 모르는 질문, 곤란한 질문의 경우

- 정확하지 않은 답변은 프레젠터의 신뢰를 떨어뜨릴 수 있으므로 아는 범위에서 답변 후 연락처를 남겨 달라고 하고 자료 등을 찾아 답변하도록 한다.
- 당황하지 말고 청중들에게 도움을 요청하여 답변을 찾는다.
- (답은 알고 있지만 답변이 곤란한 때) 이 자리에서 답변하는 것은 적절하지 않음을 알리고 유연하게 대처한다.

② 의도가 있는 질문의 경우

- 질문자에게 역으로 질문한다. ‘OOO 님은 어떻게 생각하십니까?’
- 청중들에게 질문한다. ‘OOO 님이 이런 질문을 했는데 여러분의 의견을 듣고 싶습니다.’

③ 여러 개의 질문을 한꺼번에 한 경우

- 질문을 정리하여 답변한다.

예) ‘네. 질문하신 주의사항과 대처요령, 예방책을 말씀드리겠습니다.’

- 한정된 시간임으로 반복되는 질문은 묶어서 답변한다.

④ 질문자와 논쟁하지 않도록 한다.

- 질문자와 논쟁이 생기면 청중은 프레젠터에게 부정적 감정을 느끼게 되고, 프레젠테이션의 분위기가 안 좋아질 수 있다.
- 어떠한 상황이라도 질문자와는 논쟁하지 않는 것이 좋으나, 논쟁으로 발전할 것 같으면 '그렇게 생각할 수 있겠네요~' 인정해 주고 본인의 견해를 밝힌다.
- 질문자가 기분이 나쁘다거나 무시당했다는 느낌을 갖지 않도록 배려하고, 존중하는 모습을 보인다.

(3) 질문이 없을 때 대처방법

프레젠테이션에서 질의응답 시간은 반드시 필요하다. 성실히 준비하여 답변할 수 있도록 한다. 마지막에 질의응답 시간에 질문이 없는 경우는 마무리를 어떻게 해야 좋은 분위기에서 프레젠테이션을 마무리 할까?

예) '질문이 없는 경우는 두 가지입니다.
첫 번째는 발표자가 발표를 너무 잘해서 다 이해한 경우,
두 번째는 청중들이 이해력이 너무 좋아 다 아는 경우입니다.
오늘은 두 번째 경우인 것 같습니다~.'
청중들은 분명히 '첫 번째예요~'라고 답할 것이다.
모두가 즐거운 분위기로 마무리할 수 있다.

5) 마무리

- 마지막으로 경청에 대한 감사의 인사를 반드시 전하도록 한다.
- 감사의 인사는 강연장이 넓은 경우 정면에 인사를 하고 오른쪽과 왼쪽에

정중하게 인사를 한다.

- 마지막까지 긍정적인 분위기로 따뜻한 마음을 표현하는 마무리 멘트를 준비하여 성공적인 프레젠테이션이 되도록 한다.

생각해 봅시다

1. 프레젠테이션의 정의를 설명해 보자.
2. 프레젠테이션의 목적 3가지를 설명해 보자.
3. 주제를 정하여 PPT를 작성해 보자.

PART 4

면접 스피치 실무

Chapter

09

입사지원서 작성 준비와 면접답변을 위한 기초 다지기

학습목표

1. 취업면접을 위해 지원자 자신의 자기이해능력, 대인관계능력, 미래지향능력 등 기초자료를 작성해 본다.
2. 나의 기초자료를 통해 본인의 장점을 부각시켜 정리한다.

1.

이력서 · 자기소개서 · 면접답변 작성 전 나와 지원회사의 이해

'백 번 싸워 백 번 이긴다.'라는 고사성어는 손자병법의 '知彼知己면 百戰不殆(지피지기면 백전불태)'의 문장에서 유래되었다. 상대방의 상황을 알고 나의 상황을 알면 백 번 싸워도 위태롭지 않다. 즉, 나를 알고 지원기업을 알아야 합격한다.

서류작성과 면접을 위해 지원기업을 파악하고 본인의 특성을 찾아 정리하며 자신의 지원회사를 이해하고 그에 맞추는 학습을 해 보자.

나는 어떤 사람인가? 나를 어떻게 표현하고 어떻게 보여지길 원하는지 본인의 특징과 장점, 가치관을 찾아 지원기업과 연결고리를 만들어 다른 지원자와 차별화하려는 노력을 한다.

1) 자기이해 능력

(1) 나의 자랑하고 싶은 점/매력 포인트

본인만의 독특한 점/자랑하고 싶은 점이 무엇인가를 찾아보자. 자신의 장점과 차별화할 수 있는 점을 언급한다. 여러 가지를 나열하여 분명한 한 가지를 언급하며 일관성 있는 문장을 만들어 보자.

나의 자랑 포인트/ 자랑하고 싶은 점	특징	포부/전공 관련성

(2) 취미/특기

면접관이 '지원자의 취미/특기가 무엇인가?'라는 질문에 답변이 준비되어 있지 않거나, 답변을 못하게 되면 합격을 기대하기 어렵다. 단순히 취미/특기를 답변하기보다는 그 취미/특기를 갖게 된 계기 · 활동 · 배운 점은 무엇인가? 나의 취미/특기를 지원회사에 대한 포부와 연결하여 적극적인 문장을 만들어 보자.

취미/특기	취미/특기를 갖게 된 계기 · 활동 · 배운 점	포부(전공/성격과 연관 짓기)

(3) 강점/약점

지원자의 강점과 약점을 찾아보자. 강점을 통해 생활에서 나타나는 특징은 무엇이며, 포부와 전공을 관련시켜 부각시킨다. 약점은 극복하려는 자세와 노력을 보인다. 약점을 그대로 방치한다는 인상을 주게 되면 면접관은 발전가능성이 없는 지원자로 평가하게 되므로 극복하려는 구체적인 방법이 제시되어야 한다.

강점	일상생활에서의 특징	포부/전공 관련성

약점	개선을 위한 구체적인 노력	포부/전공 관련성

(4) 생활신조/좌우명/가훈

생활신조/좌우명은 어떤 일이 있어도(어떠한 상황에서도) 내가 반드시 지켜야 할 행동의 기준이며, 본인의 판단과 의사결정에 있어 최소한의 기준이고, 본인의 삶에서 가장 소중하게 여기는 믿음과 원칙을 바탕으로 작성한다.

생활신조/좌우명	영향을 끼친 계기/사건	포부/전공 관련성

가훈	영향을 끼친 사건/특징	포부/전공 관련성

(5) 존경하는 인물(롤 모델)

존경하는 인물(롤 모델)	이유/배울 점	포부/전공 관련성

(6) 주변 사람들이 말하는 나는?

주변에서 말하는 나	이유/사건	포부/전공 관련성

(7) 학창시절의 별명

나의 별명	이유/사건	포부/전공 관련성

2) 대인관계 능력

(1) 가장 친한 친구 소개

지원자의 친한 친구는 누구인가? 그 친구와 공통점은 무엇이고, 함께하면서 얻을 수 있었던 건설적인 면을 찾는다. 친구를 보면 지원자를 알 수 있으므로,

여러 가지를 찾아 나열하고 한두 가지를 언급하여 포부와 연결 지어 일관성 있는 문장을 만들어 보자.

친구 이름	특징(성격 · 배운점)	포부

(2) 본인의 학교 교훈/급훈 소개

교훈/급훈	특징(급훈/교훈의 내용, 가르침, 배운 점)	포부

(3) 학창시절 기억에 남는 사건 소개

사건	발단계기/해결 방법 느낀 점/배운 점	포부

(4) 가장 기억에 남는 선생님 소개

선생님 성함	특징(성격 · 배운 점)	포부

(5) 학교생활을 점수로 평가한다면?

점수	이유/근거	포부

(6) 나의 인생에 가장 큰 영향을 준 인물

인물	이유/느낀 점 · 배운 점	포부

(7) 나의 인생에 가장 큰 영향을 준 사건

사건	이유/느낀 점 · 배운 점	포부

3) 미래지향 능력

현재의 본인보다 더 나은 미래를 향해 발전하는 미래지향적인 모습을 만드는 노력이 보이도록 한다.

(1) 나의 취업을 위해 특별히 노력해 온 것은?

지원 직렬/부서	노력한 부분(학업/동아리/자격증/기타활동 등)	포부

(2) 나만의 경쟁력은?

이유(본인의 장점)	경쟁력과 지원기업의 연관성	포부

(3) 나를 나타내는 사자성어

사자성어	뜻/의미	나와의 연관성

(4) 10년 후 나의 모습은?

10년 후 목표	구체적인 설명(1, 3, 5년 후 어떤 노력을 하겠다)	포부(미래의 내 모습)

(5) 나의 인생 목표는?

목표	설명	포부(미래의 내 모습)

2. 이력서 · 자기소개서 · 면접답변 작성 전 지원기업의 이해

'知彼知己면 百戰不殆'

취업전략을 수립하는 데 기본이 되는 작업은 나와 지원기업의 이해이다.

전략적으로 기업을 분석하고, 이에 맞추어 지원자의 비전수립을 만들어 보자.

조직문화 이해와 요구역량을 통해 나를 지원기업과 연계시켜 작성한다.

1) 조직문화 이해 능력

(1) 기업정보

항목	내용
회사명	
소재지(주소)	
사업 분야	
취급 품목	
매출액(전년도)	

(2) 인재상

인재상	내용

(3) 기업정보 핵심가치/경영이념

핵심가치 경영이념	내용

(4) 기업 문화

항목	내용	특이사항
기업비전		
기업문화		
사회기여활동		
인사제도		

2) 경영환경 이해 능력

(1) 최근 기업정보(관련 시사 및 업계 정보)

Trend 1

Trend 2

(2) 내가 생각하는 지원기업의 올해 사업전략

3) 요구역량이해 능력

(1) 직무 및 직무 분야

핵심직무	직무 내용

(2) 요구역량 및 보유역량

항목	요구역량	보유역량
지식 (자격증)		
기술 (경험)		
태도 (성격, 인성)		

3. 피드백 & 공유

- 작성한 자기이해능력, 대인관계능력, 미래지향능력을 조별로 발표하며 공유한다.
- 공유한 내용을 바탕으로 본인의 내용을 첨삭, 수정한다.
- 조원의 내용을 첨삭, 수정하며 작성내용의 완성도를 높인다.
- 준비하고 실행하여 완벽한 입사지원서 작성과 면접 답변의 기초를 완벽히 준비한다.

조별활동을 통해 배운 점/노력해야 할 점 정리

이력서/ 자기소개서와 입사지원서

학습목표

1. 이력서/자기소개서 작성방법에 대해 학습한다.
2. 입사지원서 양식에 맞추어 성실히 작성할 수 있다.

Chapter 10

1. 이력서

1) 이력서 이해

이력서는 지원자 개인에 대한 객관적 사실을 이해하는 자료로 지원하는 기업의 인재상에 맞추어 작성하며, 지원자의 역량과 능력을 구체적으로 기술하여 타 지원자와 차별화된 경쟁력을 보여 줄 수 있도록 한다. 이력서는 기업체의 홈페이지에서 주어진 양식을 작성하여 제출하는 방법과 기업체의 채용담당자에게 자유 형식으로 전송하는 방식이 있다.

(1) 기업체에서 주어진 양식의 이력서

① 지원직렬과 직무에 적합한 내용을 중심으로 모든 항목을 빠짐없이 작성하여 빈칸이 남지 않도록 한다.

② 요구조건을 파악하여 정확히 작성하여 전송한다.
예) 사진의 형태나 크기, 저장파일, 주의사항 등

③ 지원은 인터넷으로 하며, 마감 전까지 자유롭게 등록 수정이 가능하다.

④ 접수 마감일은 지원자의 급증으로 접속 오류가 날 수 있으므로 마감일 전에 여유롭게 미리 접수 완료한다.

(2) 자유로운 형식의 이력서

① 자유로운 형식의 이력서는 주어진 양식이 없이 응시자의 이력을 자유롭게 작성하는 이력서이다. 지원자를 알리고 강점(성적, 연수, 자격증 등)을 부각시킬 수 있는 양식을 선택한다.

② 깔끔하고 전문적으로 보이도록 폰트, 줄 간격, 헤더(Header) 등의 요소를 일관성 있는 형태로 사용한다.

헤더(Header)

헤더는 이력서의 상단에 위치한 부분을 가리키며 이름, 연락처, 이메일 주소 등의 개인 정보를 넣는다. 본문과 구분하여 헤더는 이력서의 맨 위에 배치하고 지원자의 기본 정보를 포함하며 이력서의 첫인상을 결정짓는 중요한 부분 중 하나이다.

(3) 이력서를 이메일로 전송할 때

① 제목: 회사, 지원 분야, 경력 또는 신입, 이름, 이력서를 기재한다.
예) 대한전자 전기직 신입 나합격 이력서입니다.

② 첨부 파일명: 부서명 이름 이력서
문서의 양이 많다면 압축해서 첨부하고 파일명과 메일 제목은 일치시킨다.

③ 이메일로 전송 시: 인사와 본인을 간단하게 소개하고 첨부파일 종류와 개수를 기재한다. '귀사의 무궁한 발전을 기원합니다.' '열심히 일할 준비가 되어 있습니다.' 등 인사로 마무리하고 이름과 연락처를 남긴다.

④ 발신자는 본인의 이름으로 한다. 닉네임이나 별명 등으로 전송하지 않는다.

⑤ 수신함에 받은 메일은 자주 확인한다.

(4) 우편으로 발송할 때

최근에는 우편으로 이력서를 발송하는 경우는 줄어드는 추세이다.

① 이력서, 자기소개서, 졸업증명서, 성적증명서, 자격증 순서로 철하여 대봉투에 넣어 등기로 제출한다.

2) 이력서 작성 방법

(1) 인적사항 작성

① 성명, 주민등록번호, 나이/주소/현주소, 연락처/본인 전화번호, 긴급 연락처

② 사진은 정장을 착용하고 깔끔한 헤어스타일과 부드러운 이미지로 전문 사진관에서 정성을 기울여 촬영한다. 최근 6개월 이내 촬영한 최근 사진으로 서류의 규격에 맞게 깔끔하게 부착한다.

③ 이메일은 장난스럽거나 복잡하지 않은 ID를 사용한다.

④ 호주와의 관계: 호주를 중심으로 응시자의 관계를 기재한다.
예) 장녀, 장남(O) 부, 모(X)

(2) 학력사항/경력사항

① 학력은 고등학교부터 기재하고 입학 연월일, 졸업연월일은 정확하게 작성한다.

② 대학교는 학교명, 학부(과), 전공, 학점, 졸업연도 등을 기입한다.

③ 경력은 근무처, 직위, 근무기간, 담당업무를 정확히 기입한다.

④ 역순으로 기술한다: 최신 경험부터 과거 경험 순서로 기입한다.

⑤ 사회경력이 없는 학생은 인턴, 아르바이트 경력을 기입하도록 한다:
업무와 관련된 경험과 관심 그리고 노력하였음을 보여 준다.

* 추가 자료 및 포트폴리오가 필요한 경우 이력서와 함께 포트폴리오나 관련 자료를 제출한다.

(3) 어학/자격 면허

① 어학 관련 성적을 기입한다.

② 어학연수, 외국어 관련 활동 경험을 기입한다.

③ 관련자격증은 발급기관명, 취득일을 기입한다.

④ 국가가 공인한 자격증을 기입하는 것이 원칙이지만, 사설단체의 자격증도 지원 업종과 관련 있으면 기입한다.

⑤ 사무능력 자격증은 모두를 기입한다.

⑥ 외국어 수준, 자격면허, 컴퓨터 활용능력 등 업무와 관련된 자격을 기입하여 지원자의 준비와 노력을 나타낸다.

(4) 수상경력/봉사활동/학생활동

① 수상경력은 수상일시, 단체명, 수상내용을 기재한다.

② 장학금, 학생활동, 봉사활동 경험을 기재한다.

(5) 취미/특기

① 지원 분야와 하는 업무를 연관시켜 전략적으로 기재한다.

예) 영업부 지원: 활동적이고 사교적으로 하는 취미나 특기

② 없음 또는 빈칸으로 남겨 두지 않는다.

(6) 위의 내용을 모두 기입한 후 사실여부를 확인하고 날짜, 이름을 적고 서명 또는 도장을 찍는다. 도장은 바른 모양으로 찍히도록 확인하고 날인한다.

위 사항은 사실임을 확인합니다. 0000년 00월 00일 나 합격 (인)

3) 이력서 작성 원칙

(1) 간단명료하며 구체적으로 작성한다.

① 인사담당자가 짧은 시간 내에 알 수 있도록 항목별, 연대순으로 작성한다.

② 지원자의 능력과 장점이 돋보이게 핵심내용을 강조하여 호감을 갖도록 한다.

③ 명확한 어휘를 사용한다.

(2) 정성 들여 깔끔하게 작성한다.

① 이력서를 주의 깊게 확인하여 오탈자가 없도록 여러 번 확인한다.

② 우편으로 접수하는 이력서에 잘못된 부분을 화이트 또는 수정액을 사용해 고치면 성의 없어 보일 수 있으므로 새로운 용지에 다시 작성한다.

(3) 솔직하게 작성한다.

① 이력서의 기재 내용에 거짓이나 과장된 이력의 작성은 피해야 한다.

② 허위사실을 기재할 경우 입사가 취소되고 처벌의 대상이 될 수 있다.

(4) 시간적 여유를 가지고 차분히 작성한다.

① 급하게 작성하면 실수로 연결되므로 충분한 시간을 가지고 충실한 이력서를 작성한다.

② 지원하는 기업이나 지원직렬에 맞추어 이력서를 조정하여 지원자의 장점을 강조한다.

③ 자격증 취득 등 새로운 이력이 생길 때마다 이력서를 업데이트한다.
계속해서 업데이트하고 수정하여 지원자의 경력과 역량을 최대한으로 부각시키는 이력서를 완성시킨다.

(5) 빈 공란은 채운다.

① 이력서에 기재한 내용은 기업이 요구하는 능력으로 인재를 결정하는 기준이 되므로 모든 항목에 빠짐없이 성실히 기입하도록 한다.

② 이력서에 공란으로 두면 인사담당자는 성의 없는 지원자로 인식하므로 최대한 공란이 없도록 한다.

예) 보훈대상 여부, 장애 여부에 빈칸을 두지 말고, '해당 없음', '없음'으로 표기한다.

4) 이력서 작성 시 주의 사항

(1) 맞춤법과 문법 띄어쓰기

이력서에 기본사항은 맞춤법과 띄어쓰기가 정확하게 작성하고 오탈자, 띄어쓰기에 주의한다.

작성연습 시 문서프로그램을 활용하여 작성한다.

오자, 탈자, 띄어쓰기가 엉망이면 안 좋은 평가를 받아 탈락을 할 수 있다.

(2) 응시부문과 연락처 반드시 기재

지원 부문이 누락되었거나, 연락처를 알 수 없어 연락할 수 없다면 취업의 기회를 잃는 것이다. 응시부문과 연락처를 반드시 기재한다.

(3) 간략한 이력서는 피한다.

학력사항이나 경력사항이 누락된 이력서, 자기소개서와 자격증 사본을 첨부하였어도 이력서에 빠지지 않게 반드시 기재한다.

(4) 이력서를 작성 전에 지원회사의 홈페이지 입사지원서 정보란에 이력서 작성 관련 주의사항과 요구사항을 확인하고 작성한다.

5) 이력서 마지막 점검

이력서는 세심한 주의를 기울여 작성하고, 작고 사소한 실수도 그냥 지나치면 안 좋은 결과로 나타날 수 있다. 문법적 오류나 잘못된 철자 등이 없는지 세밀하게 확인한다.

6) 만약에 불합격 통보를 받더라도 최상의 응대를 한다. '서류 전형과정에서 많은 것을 배울 수 있었습니다. 부족한 부분을 보완해서 다시 도전하겠습니다.' 이런 내용으로 감사 메일을 전송하여 좋은 이미지를 각인시키도록 하자.

결원 발생 시 재면접의 대상자로 기회를 얻을 수 있다.

이 력 서

지원분야:

<table>
<tr><td rowspan="5">사 진</td><td>이름</td><td></td><td>영문</td><td></td><td>한문</td><td></td></tr>
<tr><td>주민번호</td><td colspan="3"></td><td>나이</td><td></td></tr>
<tr><td>휴대폰</td><td></td><td>긴급연락처</td><td colspan="3"></td></tr>
<tr><td>E-mail</td><td colspan="2"></td><td>SNS</td><td colspan="2"></td></tr>
<tr><td>주소</td><td colspan="5"></td></tr>
</table>

학력사항

재학 기간	학교명 및 전공	학점	구분

경력사항

근무 기간	회사명 및 부서	직위	담당 업무

어학

외국어	시험명	응시연월일	점수	기관

자격증

취득일	자격증/면허증	등급	발행처

교육/연수

기간	과정명	기관

수상내역

기간	상세 내용	기관

병역

복무기간	군별/계급/병과	미필사유

가족사항

관계	성명	연령	직업(근무처)/직위

위의 내용은 사실과 틀림없습니다.

년 월 일

성 명: (인)

2. 자기소개서

1) 자기소개서 이해

구직자가 취업을 위해 깊이 있게 자신을 소개하는 양식으로 성장과정, 성격의 장단점, 대인관계, 지원동기, 입사 후 포부 등의 내용을 기재하는 문서이다. 이력서에 기재하지 못한 본인의 능력을 상세하게 보여 줄 수 있으므로 본인의 능력을 구체적으로 작성해야 한다.

2) 자기소개서 작성 방법

- 자기소개서를 통해 인사담당자는 지원자의 성장과정, 성격, 대인관계, 조직 구성원으로서의 자질, 조직 적응력 등을 이해하게 되며 인생관, 직업관, 발전 가능성까지 파악할 수 있다.
- 자기소개서 내용을 통해 논리성, 문장력, 문장구성 능력, 지원자의 독창적인 생각을 표현한다.
- 입사 지원자를 평가하는 구체적인 자료이므로 기승전결로 논리 정연하게 작성해야 한다.

(1) 성장과정

① 지원자의 성장해 온 과정을 간결하게 작성한다.

② '저는'이라는 어휘를 반복적으로 사용하지 않는다.

③ 자라 온 환경을 바탕으로 지원기업의 인재상과 연결하여 흥미롭게 작성한다.

④ 직무/회사에 지원하려는 각오, 다짐을 언급한다.

(2) 성격 및 장 · 단점

① 지원자의 경험을 통해 성격을 설명하거나 본인의 성격은 간접 묘사하여 작성하도록 한다.

② 장점은 구체적인 사례나 경험을 통해 부각시키고, 단점은 솔직하게 기술하여 개선하고 있음을 보여 주도록 한다.

(3) 학교생활

① 학교생활에서 학업 성취나 프로젝트 경험과 사례를 구체적으로 언급하고 팀워크, 리더십, 문제해결 능력을 연결시켜 작성한다.

② 학문적인 업적이나 경험이 지원회사의 지원 동기와 어떤 연관성이 있는지 설명한다.

③ 지원자의 전공, 자격증, 언어능력, 주요활동 등은 지원직렬과 연관시켜 자세히 기술하여 직무에 필요한 역량을 갖추려고 노력했다는 인상을 주도록 한다.

(4) 지원동기 및 비전과 포부

① 지원 회사에 적합한 인재로 협동심과 솔선수범 등 긍정적인 면을 기술한다.

② 기여하고 싶은 부분에 대해 명확히 작성하고 비전과 포부를 구체적으로 작성한다.

3) 자기소개서 작성 시 주의사항

- 명확하고 간결한 문장으로 작성하며 한 문장이 3줄을 넘기지 않도록 한다.
- 자신을 지칭하는 단어는 최소화한다('저는, 저의, 제가' 같은 단어).
- 맞춤법과 오타가 전혀 없도록 확인하고 수정한다.
- 지원직렬과 직무에 필요한 용어와 어휘를 정확하게 사용한다.
- 피드백을 통해 첨삭하고 수정한다.
- 지원하는 기업마다 새로 작성한다.

자 기 소 개 서

성장과정, 성격 및 장단점	
학교생활	
지원동기 및 비전과 포부	

3. 입사지원서

1) 입사지원서 이해

취업을 위해 기업에 제출하는 입사지원서는 이력서와 자기소개서로 구성되어 있다.

입사지원서는 기업의 인사 담당자가 지원자를 첫 대면하는 얼굴이므로 정성 들여 작성한다. 서류전형을 통과해야 면접의 기회를 얻을 수 있으므로 입사지원서 작성은 매우 중요한 부분이다.

2) 입사지원서 작성방법 및 유의사항

(1) 기업체마다 차이는 있지만 일반적으로

① 기업체의 채용홈페이지(웹사이트)에 접속

② 지원하기/인재채용의 메뉴에 접속

③ 입사지원서 양식의 각 항목에 지원자의 정보를 빠짐없이 입력

④ 입력한 내용을 확인하고 수정 후 최종 제출

응 시 직 종		**입 사 지 원 서**	수 험 번 호	

사 진	성 명	(한글)		1지망	2지망	3지망
		(영문)	근무지역	서울	대구	부산
		(한자)	지역코드			
	주민번호		사 유		자택 근처	
	생년월일	1. 음 2. 양				

본 적			종 교	
현 주 소	□□□-□□□		전화번호	
긴급연락처	□□□-□□□		전화번호	

신체사항	신 장	체 중	시 력	혈액형	색 맹	결 혼 여 부
	cm	kg	좌: 우:	형	0.정상 1.색약 2.색맹	1.기혼 2.미혼

병역사항	제대구분	복 무 기 간	군 별	계 급	병 과	면 제 사 유
	군필	–				–

특기사항	자 격 취 득 사 항			
	자 격 명	등 급	취 득 일 자	검 정 기 관

학 력	졸업년월	학 교 명	졸 업 구 분	전 공	석 차
					/
					/
					/

경 력	근 무 기 간	근 무 처	직 위	담 당 직 무
	–			
	–			
	–			
	–			

가족사항	관 계	성 명	주민등록번호	학 력	동거여부	근 무 처	직 위
			–				
			–				
			–				
			–				
			–				
취 미				특 기			

자 기 소 개

성 장 과 정	
성격의 장단점 및 특기	
지원동기 및 입사 후 포부	
특별히 하고 싶은 말	

※ 지원서의 기재내용은 사실과 다름없이 본인이 작성하였음.
작성일자: 작 성 자: 나 합 격 ㉑

면접 개요

학습목표

1. 면접의 중요성을 이해할 수 있다.
2. 면접 유형을 설명할 수 있다.
3. 면접관의 질문의도를 이해하고 논리적인 답변 작성방법을 학습한다.

Chapter 11

기업체에서 인재를 채용할 때 서류전형, 필기전형, 면접심사, 인·적성 전형 등을 통해 인재를 채용하고 있다. 면접이 차지하는 비중이 점점 높아지고 있으며, 입사의 최종관문이다. 취업에 성공하기 위해 면접을 체계적으로 학습하여 지원자의 능력을 향상시켜 원하는 기업에 취업할 수 있도록 노력하자.

1. 면접 이해

'취업'을 위해 내가 먼저 점검할 것은 무엇일까? 내가 준비해야 할 것은 무엇일까?

- 성공적인 면접을 위해서 수험생 자신을 이해하며 지원 회사에서 어떤 인재를 필요로 하는지 정확히 파악하고 지원 직렬에 대한 직무를 충분히 연구하여 완벽한 준비를 해야 한다.
- 자신감 있고 적극적인 태도를 보이는 것도 중요한 부분으로 면접시험은 서류전형, 필기시험이 끝난 후 수험생의 인품, 언행, 사고, 지식의 정도를 알아보기 위한 구술시험이다.
- 면접에서 수험생의 인격과 사람 됨됨이, 잠재적인 능력과 사고력, 창의력, 업무 추진력, 발전 가능성 등을 파악하게 되므로 최대한 본인의 경험, 봉사활동, 동아리 활동 등 능력을 직무와 연결하여 면접에 임하도록 한다.

1) 면접관의 입장에서

(1) 기업이 필요로 하는 인재상을 원한다.

지원 기업에서 원하는 준비된 인재로 만들기 위해 기업체 문화와 그 기업체에 맞는 올바른 가치관과 인성에 대한 폭넓은 지식과 역량을 키운다. 기업체의 홈페이지나 기업체에서 발행하는 정기 간행물을 통해 업체의 기업경영과 최근 동향, 내부 상황, 인물 동정 등에 대한 정보를 찾을 수 있다.

면접관은 수험생을 '내 부하직원으로 함께 근무한다면?'이라는 관점에서 질문을 하게 된다. 즉, 면접 시간 동안 그 조직에 필요한 구성원이 되어 그 조직에 꼭 필요한 인재로 조직 발전에 기여할 수 있는가에 대한 평가를 받게 된다.

(2) 창의적, 응용능력, 발전가능성을 갖춘 적극적인 인재를 원한다.

무한경쟁시대에 기업에서는 이론적으로 많은 지식을 가지고 있는 수재형보다 창의적이고 발전가능성을 갖춘 적극적인 지원자를 선호한다. 면접평가에서 전문지식을 상황에 맞게 응용할 수 있는 능력을 파악하므로 적극적이며 논리적으로 표현하도록 노력한다.

(3) 세계화에 대응할 수 있는 인재를 원한다.

기업에서는 세계화에 효과적으로 대응할 수 있으며 적극적이고 창의적인 인재를 필요로 한다. 무한경쟁을 하는 글로벌 인재로 성장하기 위해 외국어 능력, 글로벌 마인드를 바탕으로 세계시장에서 살아남기 위해 경쟁국의 관습과 문화를 적극적으로 배우려는 자세를 선호한다. 글로벌 무대에서 지원자의 생각을 자연스럽게 전달할 수 있도록 외국어 능력을 갖추도록 한다.

2) 수험생의 입장에서

(1) 최종 관문

여러 관문을 통과하여 면접시험까지 달려온 수험생에게는 자부심과 초조함이 함께할 것이다. 지금까지 열심히 준비하고도 긴장하여 면접에서 작은 실수를 해서 뜻하지 않게 불합격의 결과가 될 수 있으므로 최선의 노력을 다해야 한다.

(2) 완벽한 준비로 합격하자.

기업체에서는 성실성, 창의력, 협동심, 책임감이 투철한 인재를 채용하려 하므로 단순히 면접질문에 대한 답변만을 준비한다고 생각하지 말고 지원하는 기업체의 인재상, 기업의 채용과정, 면접유형을 정확히 조사하고 분석하여 철저한 준비로 면접에 응시하여 취업의 관문을 통과하자.

2. 면접 유형

기업체 채용의 흐름을 알면 취업의 문이 열린다. 기업에서 진행되는 면접의 유형을 알아보자.

1) 일반적인 면접의 형태

(1) 단독면접(면접관1 : 응시생1)

① 단독면접은 응시생 한 명과 면접관 한 사람이 개별적으로 질의 응답하는 면접으로 기업체는 구체적으로 정보를 얻을 수 있으나 많은 시간이 소요되고 면접관의 주관적인 의견이 개입될 가능성이 있다.

② 단독면접은 신중하고 차분하게 면접에 임하는 자세를 유지하도록 한다.

(2) 개별면접(면접관 다수 : 응시생1)

① 개별면접은 응시생 한 명과 면접관이 여러 명(3~5명)이 질의 응답하는 면접형식이다.

② 면접관이 여러 명이므로 단독면접보다 긴장도가 높을 수 있으며 면접관에게 고른 시선처리, 표정과 언어적인 면에 유의하도록 한다.

(3) 집단면접

① 집단면접은 응시생 여러 명과 면접관 여러 명이 질의 응답하는 면접형식이다. 중소기업 이상의 기업에서 이루어지는 형태의 면접으로 응시생의 역량

과 자질을 평가한다.

② 면접관은 응시생들을 비교 평가하므로 외적인 이미지와 언어적으로 표현할 수 있도록 준비한다.

③ 다른 응시생이 답변을 할 때 불필요한 행동에 주의한다.

(4) 집단토론 면접

① 집단토론 면접은 응시생을 집단으로 나누어 토론주제를 주고 토론해 나가는 면접형식이다. 의사소통능력, 설득력, 협동성, 상대방 의견에 대한 경청능력 등 많은 관점에서 평가한다.

② 집단토론 면접 시간은 30분 정도이고 인원은 5~8명 정도로 구성한다.

③ 집단토론 면접은 다른 응시생을 상호 존중하는 팀워크의 모습을 보이도록 한다.

④ 결론부터 이야기하고 토론에는 정답이 없으므로 내 주장을 너무 강조하지 않는다.

⑤ 다른 응시생이 말할 때 끊거나 끼어들지 않으며, 경청하는 모습을 보인다.

(5) 블라인드 면접

① 서류전형에서 1차 정량평가 후 면접에서 이력서, 자기소개서 기반의 질문은 하지 않는 면접방법이다.

② 공공기관과 공기업에서 실시하는 무자료 면접으로 면접관의 선입견 없이 공정하고 객관적인 평가가 이루어진다.

③ 지원자의 의지와 소신을 답변내용에서 확인하고 지원자의 인성, 면접태도 등을 보고 선발한다. 지원 직렬의 전공지식을 묻기도 하므로 많은 준비를 하여야 한다.

④ 블라인드 면접을 하는 이유는 학벌과 능력을 내세워 팀원들 간에 문제가

발생되고, 성실함의 문제, 퇴사와 이직이 자주 발생되는 것을 방지하기 위해서이다. 그러므로 지원자의 인성과 태도를 알아보기 위함이다.

⑤ 회사의 기여도, 발전 가능성 등 답변을 명확하게 준비하여 전달하여야 한다. 면접관이 여러 방면의 돌발질문이 가능하기 때문에 논리적으로 답변을 하여 높은 평점을 받을 수 있도록 노력한다.

⑥ 인성, 발전 가능성, 적극성, 응용능력, 창의력 등이 정성평가 된다.

블라인드 면접의 주의 사항

블라인드 면접에서 아래의 발언을 하면 감점요인 및 불이익을 받을 수 있으며 탈락 처리되는 경우도 있다.

- 지원자의 이름, 나이 언급 금지
- 지원자의 학력사항, 출신학교, 개인신상정보, 출신지, 부모(친인척 포함한 가족), 사회적 · 경제적 지위를 암시하는 발언 금지
- 지원자의 스펙(어학점수, 학점, 회사경력 등)을 언급하지 않는다.
- 지원직렬 관련 자격증은 면접관의 질문에 언급 가능

(6) 압박면접

① 압박면접은 응시자에게 계속된 질문과 의도된 압박 질문으로 일반적인 면접보다 큰 긴장감을 유발하는 상황에서 면접이 진행된다.

② 면접관의 의도된 어려운 질문과 특정상황으로 수험생을 압박하여 스트레스 등으로 어려운 상황에서 반응을 확인하고 임기응변, 상황대처능력, 자제력, 순발력 등 역량을 평가한다.

③ 지원자의 문제해결 능력, 스트레스 관리능력, 상황 대응 능력, 의사 결정력 등을 파악한다.

④ 긴장하여 질문의 답변에 어려움을 느낄 것이며 꼬리에 꼬리를 무는 질문으

로 정답이 없는 경우도 있다.

⑤ 압박 상황으로 심적 부담을 느끼지만 당황하지 말고 본인의 의견을 당당하게 답변하는지를 중점적으로 평가하며 일상적인 업무에서 스트레스와 압박 상황에 대한 대비능력을 확인하고자 한다.

⑥ 당황하지 말고 지원자의 생각을 논리적으로 답변하고, 기출문제의 답을 외우기보다는 여러 상황의 문제의 답변을 만들어 자연스럽게 연습을 꾸준히 해야 한다.

⑦ 최근 면접에서 압박면접을 잘 시행하지는 않지만 압박면접이 이루어질 경우, 꼬리질문으로 인식하고 면접관이 이런 부분이 궁금해서 질문을 한다고 생각하며 긴장도를 줄이고 답변을 하도록 한다.

2) 지원 기업에 대한 정보 숙지사항

- 기업개요(창업정신, 창업자 및 CEO)
- 기업의 경영이념, 연혁, 미션, 비전
- 기업이 요구하는 인재상
- 기업의 발전가능성과 신규추진 사업
- 기업의 사회공헌도, 봉사 사항 등
- 기업의 최근 언론에 보도된 시사, 이슈

3. 성공 면접 요령

1) 면접위원에게 호감을 주는 자기표현 방법

(1) 답변의 시작은 본인의(지원자의) 좋은 점과 장점을 먼저 언급한다.

면접관은 짧은 시간에 응시자를 평가하므로 단점을 말하기보다 장점, 좋은 점을 먼저 말한다.

(2) 긍정적인 모습을 보여 줘라.

좋은 인상을 줄 수 있도록 밝은 표정과 당당한 자세를 보여 주도록 한다.

(3) 두괄식으로 답변한다.

핵심 내용을 먼저 전달하고 세부내용과 설명하는 문장구조를 만들어 면접위원의 관심과 흥미를 높여 의미를 전달한다.

4. 면접시험 주의사항

1) 면접시험 전(前) 주의사항

(1) 면접시험 전날

① 면접시험 전날에는 평온한 마음으로 보낸다.
면접 장소로 이동하는 교통편, 소요시간을 파악하고 준비물을 미리 챙긴다. 공부한 자료와 최근 뉴스를 다시 한번 확인하고 내일의 면접 상황을 떠올리며 이미지트레이닝을 하여 실전에서 실수하지 않도록 연습한다.

② '왜 이 회사를 지원하였나?' '지원 부서에서 하는 일은 무엇인가?' '차별화된 나의 역량은?' 이 질문에 대한 답변은 충분한 연습으로 자연스럽고 당당하게 막힘없이 말할 수 있도록 준비한다.

③ 면접시험 전날에는 충분한 수면을 취하도록 하며, 음주나 과식은 피해야 한다. 면접 날에 건강이 나빠 보이지 않도록 주의한다.

(2) 면접 당일

① 아침에 신문이나 인터넷의 정보를 숙지한다. 최근 시사나 그날의 뉴스에 대해 질문할 수 있다. 경제면, 문화면, 정치면, 지원회사 관련 뉴스를 보아 둔다.

② 아침식사는 간단하게 반드시 먹도록 한다.
공복상태는 인간의 평정심을 잃게 하고 긴장도가 더 높을 수 있으므로 반드시 아침식사를 하고 면접장소로 이동한다. 면접관이 수험생의 긴장을 줄이기 위해 "아침식사는 했나요?" "메뉴는 무엇이었나요?"와 같이 질문을 하

며 시작할 수 있다.

③ 면접 복장의 구김이나 단추가 떨어진 곳은 없는지, 용모 · 복장에 신경을 쓴다.

④ 면접 장소에는 면접시간 15분~20분 전에 도착한다.
면접 장소에 미리 도착하여 화장실에 가서 용모 · 복장을 확인한 후 대기실에 가서 대기한다. 면접에 지각은 어떠한 이유로도 용납되지 않으므로 교통상황 등을 여유롭게 생각해서 이동한다. 특별한 이유로 늦을 경우 사전에 신속하게 전화로 연락하여 정중하게 말하고 선처를 부탁한다.

(3) 대기실에서 대기

① 조용히 본인의 순서를 기다리는 동안 예상 질문에 대한 답변을 최종적으로 정리하면서 마음을 가다듬는다.

② 대기 중의 모습도 평가요소로 당락에 영향을 줄 수 있으므로 대기하는 동안 신경을 쓴다. 다리를 꼬거나, 비스듬히 앉거나, 옆 사람과 큰 소리로 잡담을 하거나 휴대폰 통화도 주의한다.

③ 본인의 순서가 가까워지면 용모 · 복장을 다시 한번 점검하고 마음의 안정을 유지한다.

2) 면접 중(中) 주의사항

(1) 호명

① 면접진행 직원이 본인의 이름, 수험번호를 부르면 "네"라고 크고 명확하게 대답한다.

② 면접실 앞에서 가볍게 노크를 한 후, 안에서 "들어오세요."라고 응답을 하면 문을 열고 조용히 들어간다.

(2) 입실

① 면접실에 입실하여 문을 조용히 닫고 면접관을 향해 밝은 표정을 지으며 허리를 숙여 인사를 한다.

② 의자 앞으로 걸어가서 인사 후 “안녕하십니까? 수험번호 OO번 OOO입니다.”라고 말한다.

③ 면접관이 앉으라는 지시가 있으면 “감사합니다.”라고 한 후 의자에 앉는다.

④ 여성은 다리를 모으고 손은 오른손이 위로 가도록 모으고 앉는다.
남성은 다리를 어깨 넓이 정도 벌리고 손은 가벼운 주먹을 쥐고 무릎 위에 올려놓는다.
너무 긴장된 모습이 보이지 않도록 자연스러운 모습으로 질문을 기다린다.

⑤ 시선은 면접관의 눈을 바라보며 미소를 짓는다.

⑥ 면접실에 입실하여 퇴실할 때까지 수험생의 모든 모습에 집중하므로 시작부터 끝까지 밝고 자신감 있게 침착함을 유지한다.

(3) 면접시험 중

① 면접 시 시선은 면접관의 미간이나 콧망울을 응시하는 것이 좋다.

② 면접관이 하는 말은 한마디도 놓치지 않도록 하며, 솔직하고 자신 있는 태도로 답변한다.

③ 질문의 핵심을 잡고 답변한다. 질문을 끝까지 다 듣고 면접관의 의도를 파악하여 크고 정확하게 답변을 한다.

④ 힘찬 목소리로 명확하게 답변한다. 복식호흡으로 아랫배에 힘을 주며 힘차고 밝은 목소리로 정확하게 답변한다.

⑤ 실수로 잘못된 답변을 했을 경우 “죄송합니다. 다시 말씀드리겠습니다.”로 오답에 대한 사과를 솔직하게 고쳐 대답한다. 잘못된 대답을 합리화시키려 들면 더 큰 실수로 이어질 수 있다.

⑥ 잘 모르는 질문에 대해 아는 척을 하여 답변을 하게 되면 압박질문으로 이어질 수 있으므로 솔직히 "잘 모르겠습니다."라고 답변하고 면접 후에 공부하겠다고 말한다.

면접에서 피해야 할 언어와 행동

- 면접관의 말을 끊고 자신의 의견을 말하거나 맞장구치는 일
- 속어나 비어를 섞어 쓰거나 심한 사투리를 사용하는 일
- "사실은" "솔직히 말해서" "다 그렇죠 뭐" "합격하겠죠."라고 하는 말
- 자기자랑 또는 집안자랑을 하는 일
- 무의식적으로 하는 행동(손가락 꺾기, 안경 만지기, 머리 만지기 등)
- 사방을 두리번거리거나 천장을 쳐다보는 행동

3) 면접 후(後) 주의사항

(1) 면접관이 "여기까지 하겠습니다." 등으로 면접의 종료를 알리면 "감사합니다."라고 정중하게 허리를 숙여 인사를 하고 의자에서 일어나 다시 한번 인사를 한다.

(2) 면접 중에 본인이 실수를 많이 하여 마음이 언짢을 수 있지만 퇴실할 때 황급히 나오거나 문을 거칠게 닫는 일이 생기지 않도록 주의한다.

(3) 마지막까지 최선을 다하는 모습을 보인다.

5.

면접스피치 구성

면접관의 질문에 대한 답변은 논리적이고 명확하게 표현하여 지원자를 효과적으로 알려야 한다.

면접관에게 지원자의 핵심메시지를 전달하는 방법을 익히자.

1) 면접답변의 논리적 작성방법

(1) PREP 4단계 답변 만들기

① Point(요점): 핵심내용/핵심 메시지 전달단계

② Reason(이유): 주장하는 객관적인 근거/이유 제시단계

③ Example(예시): 객관적 사례로 핵심내용을 뒷받침하는 데이터, 경험, 전문가의 의견

④ Point(요점): 앞으로의 각오/다짐/느낀 점으로 마무리

예시) PREP 4단계 답변을 만들어 보자. 직접 작성하기.

▶ 질문: 다른 지원자에게 절대 지지 않는 자신만의 경쟁력을 소개해 보세요.

① Point(요점): 절대 지지 않는 저만의 경쟁력은 성실함입니다.

② Reason(이유): 성공한 사람들의 공통점은 성실한 자세로 본인의 맡은 임무를 수행하고 있다는 것입니다.

③ Example(예시): 대학시절 학업과 동아리활동을 성실하게 하여 성적우수자로 장학금을 받았고, 동아리에서 리더십을 배울 수 있었습니다.

④ Point(요점): 성실을 바탕으로 배우는 자세로 근무하는 신입직원이 되겠습니다.

▶ 질문: 지원자의 장점이 다른 사람에게 도움이 되었던 사례나 경험을 말해 보세요.

① Point(요점): 저의 장점은 봉사정신이 강하다는 것입니다.

② Reason(이유): 대학 봉사동아리 '날개'에서 다양한 봉사를 하였습니다.

③ Example(예시): '날개'에서 봉사활동을 하며 느낀 보람 ~ ~ ~을 지원기업의 인재상/비전 등으로 연결

④ Point(요점): 지원기업의 신입직원으로서 각오/다짐으로 연결

▶ **질문: 갈등을 중재한 경험에 대해 말해 보세요.**

① Point(요점):

② Reason(이유):

③ Example(예시):

④ Point(요점):

기출문제 완벽대비

학습목표

1. 기출문제에 대한 면접관의 의도를 파악하고 답변을 작성한다.
2. 기출문제에 대한 답변을 작성 후 피드백을 통해 수정하고 나만의 답변을 만들어 연습한다.
3. 모의 훈련을 통해 면접에 자신감을 갖도록 훈련한다.

Chapter 12

1. 합격을 위한 면접 기출문제 연습 방법

Chapter 9 입사지원서 작성 준비와 면접답변을 위한 기초다지기, Chapter 11의 면접스피치 구성을 참고하여 작성

- 기출문제의 답변을 작성하고 수정하여 철저히 준비한다.
- 심호흡을 하고 미소 지으며 또박또박 정확히 답변 연습을 한다.
- 계속적으로 연습한 후 녹음해 본다.
- 용모, 복장을 갖추고 동영상 촬영 후 피드백하고 꾸준히 연습한다.

2. 답변 시 유의사항

- **부정적인 어휘 사용금지:**
  아는 건 없지만, OO 상황에서 어쩔 수 없이, 운이 없어서 등
- **불분명한 표현 사용금지:**
  ~인 것 같습니다. ~라고 생각했던 것 같습니다. ~할 수 있을 것 같습니다.
- 마무리는 신입직원으로서 각오/다짐 확실하게 작성

3.

면접위원이 지원자를 평가하는 항목과 관찰사항

구 분	항목	주요 관찰사항
답변 태도 평가	입	• 입을 가림: 소극적인 경우, 감추고 싶은 경우
	제스처	• 사용할 경우: 활동적, 적극적인 사람 • 많이 사용하는 경우: 산만해 보일 수 있다.
	앉은 자세	• 뒤에 기대 앉는 경우: 거만한 분위기, 과도한 자신감 • 앞으로 앉는 경우: 공격적인 인상을 줄 수 있다.
	용모/복장	• 간결하고 단정한 느낌을 주는 용모/복장
	외형	• 인상에서 보이는 눈빛, 혈색, 체형 등 확인
	답변/태도 등	• 젊음과 패기: 신선한 감각과 활발한 느낌 • 활동성: 내향적, 활동적인 성격인지의 여부 판단 • 협동성: 원만한 성격, 중용적 사고, 친화적 태도 판단 • 대화법: 간단명료하고 확실한 의사 표현의 판단
	인성	• 선·후배와의 견해 차이가 있을 때 대처 방법 • 좋아하는 유형과 싫어하는 유형 • 본인의 단점을 극복하기 위한 노력 방법
	가치관	• 가정이나 직장의 관계 • 가훈, 인생에서 가장 중요한 것 등 • 봉사활동 경험
	국제화	• 해외여행/배낭여행, 어학연수의 경험 유무 • 국제화시대에 갖추어야 할 덕목 • 외국어 능력
	리더십	• 동아리 활동 및 아르바이트 경험 유무 • 반대 의견의 수렴, 제어 능력 • 의견이 대립되었을 때의 결정권 행사 유무
	적응력	• 상사의 지시가 마음에 들지 않았을 때의 대처 방법 • 중요한 개인적 약속이 있을 때 업무지시를 받았을 때 대처 방법 • 지금까지 가장 힘들었던 일과 해결 사례
	프로정신	• 자신의 경력개발 계획 • 타인과 다른 시각으로 접근하여 성공한 사례 • 업무의 성취감과 높은 급여 중 선택 여부

구 분	항목	주요 관찰사항
	상식	• 일반상식 및 시사상식을 습득하고 있는지를 평가
	이해력	• 질문의 내용을 잘 이해하는지, 질문의 내용과 다른 응답을 하지 않는지 평가 • 질문내용에 대하여 논리적, 핵심적, 용어의 적절성, 사용 어휘의 풍부성 등을 사용하여 답변을 하는가를 평가
	창의성	• 새로운 것에 대한 도전과 변화 경험 사례 • 창의성을 요하는 질문으로 평가

4. 항목별 기출문제 답변 작성

1) 자기소개 및 준비성 질문

(1) 자기소개 해 보세요.

Advice 자기소개는 단순히 지원자의 이력을 보려는 것이 아니다. 자기소개는 자기 PR이면서 자신의 삶의 자세를 면접관에게 전달하는 기회로 생각하여 답변을 준비한다. 첫인상을 긍정적으로 어필하기 위한 첫 관문인 만큼 면접관들에게 자신을 인지시키는 과정은 매우 중요하다. 이를 위해서는 스토리텔링, 묘사, 비유법 등을 통해 자신의 이미지를 긍정적으로 각인시키는 것이 좋다. 특기가 있으면 자신을 긍정적으로 소개하며, 자만하지 말고 겸손하고 정중하게 작성하고, 기업을 선택하게 된 동기, 타인과 차별화할 수 있는 능력사항 등을 포함시킨다면 더욱 좋은 최선의 답이 될 것이다. 짧은 시간이지만 지원자 자신을 임팩트 있게 소개할 수 있는 문장을 논리적으로 준비한다.

답변 키워드
답변 작성

(2) 지원회사에 대해 아는 대로 말해 보세요.

Advice 지원자가 근무할 지원기업이나 기관에 대해 아무것도 모르고 지원했다면 면접관으로서는 이 사람이 왜 여기를 지원했는지 부정적인 생각을 가질 것이다. 사업 분야, 취급품목, 생산 용역 또는 제품, 연간 매출액, 주요 거래처, 브랜드 등을 알고, 더 나아가 이 기업에서 내가 기여할 수 있는 역할까지도 언급하면 좋은 답변이 될 수 있다.

답변 키워드
답변 작성

(3) 본인의 꿈과 연계해서 지원 동기를 말해 보세요.

답변 키워드
답변 작성

(4) 직장을 선택할 때 가장 중요시하는 것은 무엇입니까?

답변 키워드
답변 작성

(5) 해당 직무를 선택한 이유는 무엇인가요? (직무지원동기)

답변 키워드
답변 작성

(6) 대인관계에서 가장 중요하게 생각하는 것은 무엇인가요?

답변 키워드
답변 작성

(7) 입사하면 어떤 자세로 근무를 하고 싶나요?

답변 키워드
답변 작성

(8) 살아오면서 자신의 노력으로 이루었던 것 중에 가장 성취감을 느꼈던 일 2가지를 든다면?

답변 키워드
답변 작성

(9) 주변 지인이 말하는 자신의 성격을 말해 보세요.

답변 키워드
답변 작성

(10) 개인과 조직의 목표가 부합하지 않을 경우 어떻게 할 것인가요?

답변 키워드
답변 작성

(11) 자신의 장점(강점)을 직무와 연관 지어 말해 보세요.

답변 키워드
답변 작성

(12) 자신의 단점과 극복방법을 말해 보세요.

답변 키워드
답변 작성

(13) 다른 사람에게 절대 지지 않을 자신만의 무기를 소개해 보세요.
(자신만의 경쟁력)

답변 키워드
답변 작성

(14) 살면서 가장 힘들었던 경험을 말해 보세요.

답변 키워드
답변 작성

(15) 인생에 큰 변화의 계기가 된 터닝 포인트가 무엇이었는지 말해 보세요.

답변 키워드
답변 작성

2) 전공 · 상식 관련 질문

(1) 전공은 무엇이며, 그 학과(전공)를 선택한 이유는?

Advice 지원자의 전공을 통해 기업에 필요한 인재이고 장기 근무할 수 있는가를 판가름할 수 있는 질문이다. 학과(전공)를 선택한 이유는 지원 기업의 성격에 따라 지원자의 경험과 각오로 반드시 합격해야겠다는 생각으로 답변을 준비하도록 한다.

답변 키워드

답변 작성

(2) 지원자의 전공과 직무의 연관성을 말해 보세요.

Advice 지원자의 전공을 통해 습득한 지식, 자격증 취득, 전공 관련 경험을 이야기하고 기업에 필요한 준비된 인재임을 강조한다. 직무를 파악하고 업무 수행에 적극성을 보일 수 있도록 답변을 준비하도록 한다.

답변 키워드

답변 작성

(3) 지원자가 취득한 자격증을 소개하고 취득 이유를 말해 보세요(직무 연관 자격증 소개하기)

답변 키워드
답변 작성

(4) 전공 이외에 특별한 관심분야는 어떤 것입니까?

답변 키워드
답변 작성

(5) 경쟁 기업을 하나 선택하고, 그 기업과 우리 기업을 비교해 보세요.

답변 키워드
답변 작성

(6) 우리 회사에 입사하기 위해 특별히 노력한 점은 무엇인가요?

답변 키워드
답변 작성

(7) 지원 분야 관련 업무 경험(아르바이트/전 직장)에 대해 말해 보세요.

답변 키워드
답변 작성

(8) 오늘 조간신문에서 가장 관심 있었던 기사는 무엇이었나요?

답변 키워드
답변 작성

(9) 인생에서 가장 중요하게 생각하는 것은 무엇인가요?

답변 키워드
답변 작성

(10) 최근에 읽은 책 중에서 가장 기억에 남는 책의 줄거리를 이야기해 보세요.

답변 키워드
답변 작성

(11) 여행을 다녀온 곳 중 가장 기억에 남는 곳은 어디인가요?

답변 키워드
답변 작성

(12) 스트레스를 잘 받는 편인가요? 스트레스는 어떻게 푸나요?

답변 키워드
답변 작성

(13) 불합리한 상황을 겪었을 때 본인만의 대처방법에 대해 말해 보세요.

답변 키워드
답변 작성

(14) 본인의 집에 가훈은 무엇이고 의미는 무엇인가요?

답변 키워드
답변 작성

(15) 자신의 좌우명/생활신조는 무엇인가요?

답변 키워드
답변 작성

3) 사회성/리더십/협조성 질문

(1) 학창시절 리더십을 발휘했던 경험이 있습니까? 구체적으로 이야기해 주세요.

Advice 지원자의 부드러운 리더십을 표현하고, 조직 활동에 도움을 준 경험이나 융화되는 사회성을 드러낸다.

- 조직의 목표 달성을 위한 지원자의 희생
- 조직원 간의 갈등을 중재한 사례 등을 언급

답변 키워드

답변 작성

(2) 조직생활에서 가장 필요한 것은 무엇이라고 생각하나요?

답변 키워드

답변 작성

(3) 조직의 이익과 개인의 이익이 불일치한다면 이를 어떻게 조화시키겠습니까?

답변 키워드
답변 작성

(4) 당신이 면접관이라면 어떤 사람을 채용할 건가요?

답변 키워드
답변 작성

(5) 성과가 좋을 것으로 예상하는 계획을 상사가 반대할 때 어떻게 하겠습니까?

답변 키워드

답변 작성

(6) 업무상 야근이 잦아질 경우 어떻게 하겠습니까?

답변 키워드

답변 작성

(7) 싫어하는 일이 당신에게 주어졌을 때 어떻게 하겠습니까?

답변 키워드
답변 작성

(8) 동료들/조직원들 간에 협조할 때 무엇이 가장 중요한 것 같습니까?

답변 키워드
답변 작성

(9) 현재 활동하고 있는 모임이 있습니까? 그 모임에서 역할은 무엇인가요?

답변 키워드

답변 작성

(10) 봉사활동에 참여했다면 어떻게 참여하게 되었고 무엇을 배우게 되었는지요?

답변 키워드

답변 작성

(11) 사회활동에서 가장 중요하다고 생각되는 것은 무엇인가요?

답변 키워드

답변 작성

(12) 가장 존경하는 인물이 있다면? 그 이유는 무엇입니까?

답변 키워드

답변 작성

(13) 타인과 의견 충돌 시 어떻게 대처하나요?

답변 키워드
답변 작성

(14) 신입사원이 갖추어야 할 자질이나 덕목은 무엇인가요?

답변 키워드
답변 작성

(15) 좋아하는 일과 잘하는 일 중 어떤 것을 하고 싶나요?

답변 키워드
답변 작성

4) 문제해결/전략사고 질문

(1) 친구들과 해외로 무전여행을 떠나기로 했습니다. 배낭에 채워 갈 물건들을 말씀해 보세요.

Advice 문제 해결을 위해서는 문제의 본질을 파악하고 충분한 정보를 수집하여 분석한다. 창의적이고 혁신적인 해결책을 모색하고 구체적이고 실행 가능한 행동 계획을 수립하여 우선순위를 정하고 실행하도록 한다.

답변 키워드
답변 작성

(2) 죽을 때 세 가지 물건을 가지고 갈 수 있다면 가지고 갈 물건은 무엇이며, 그 이유는 무엇입니까?

답변 키워드
답변 작성

(3) 급여가 많고 일이 힘든 직장과 급여가 적고 일이 편한 직장 중 어느 곳을 선택하시겠습니까? 그리고 그 이유는?

답변 키워드
답변 작성

(4) 업무를 수행하는 데 과정과 결과 중 지원자는 과정을 중시하나요? 결과를 중시하나요?

답변 키워드
답변 작성

(5) 특기나 자격증이 있다면 그것이 입사 이후에 어떻게 도움이 될까요?

답변 키워드
답변 작성

(6) 회사의 발전을 위해서 본인이 할 수 있는 것은 무엇이라고 생각하십니까?

답변 키워드
답변 작성

(7) 지원자 본인과의 약속은 얼마나 지키나요? 사례를 들어 말해 주세요.

답변 키워드
답변 작성

(8) 살아오면서 가장 힘들었던 시기와 그 시기를 극복하기 위해 취했던 행동에 대해 말해 주세요.

답변 키워드
답변 작성

(9) 업무에 대한 스트레스 해소방법을 추천한다면?

답변 키워드
답변 작성

(10) 나이 차이가 많이 나는 직원들과 교류는 어떻게 할 것인가요?

답변 키워드
답변 작성

(11) 당신을 채용함으로써 우리 회사가 갖는 이점은 무엇이라고 생각하나요?

답변 키워드
답변 작성

(12) 원칙과 이해관계가 충돌한다면 어떻게 대처할 건가요?

답변 키워드
답변 작성

(13) 상사가 당신에게 부당한 지시를 한다면 어떻게 하겠습니까?

답변 키워드
답변 작성

(14) 저출산과 고령화 대책에 대해 말해 보세요.

답변 키워드
답변 작성

(15) 누군가 지원자를 모함/안 좋게 이야기한다면 어떻게 대처를 하겠습니까?

답변 키워드
답변 작성

5) 목표의식/비전 설정 질문

(1) 직장생활을 통해 이루고 싶은 목표와 그 목표를 이루기 위해서 특별히 더 노력하고 있는 것은 무엇입니까?

Advice 지원자가 지원한 기업이나 기관에서 이루고자 하는 목표를 설정하고 목표 달성을 위해 어떠한 노력을 할 것인지를 논리적으로 나타낸다. 사업 분야, 취급품목, 생산 용역 또는 제품, 연간 매출액, 주요 거래처, 브랜드 등을 알고, 더 나아가 이 기업에서 내가 기여할 수 있는 역할까지도 언급하며 목표를 달성하는 노력을 언급한다면 좋은 답변이 될 수 있습니다.

답변 키워드
답변 작성

(2) 목표를 설정해서 달성한 경험에 대해 말해 주세요.

답변 키워드
답변 작성

(3) 삶을 통해 이루고 싶은 인생의 목표 또는 꿈을 1가지 말해 보세요.

답변 키워드
답변 작성

(4) 자신이 타인과 탁월하게 구별되는 능력이나 자질 중 남이 이야기하는 장점과 내가 생각하는 단점 각 1가지를 말해 보시오.

답변 키워드
답변 작성

(5) 성공과 실패의 기준을 어디에 두고 있나요?

답변 키워드
답변 작성

(6) 지금까지 살아오면서 겪었던 가장 큰 실패의 기억은 무엇인가요?

답변 키워드
답변 작성

(7) 실패했을 때/가장 힘들었을 때 나를 다시 일어날 수 있게 해 준 것은 무엇인가요?

답변 키워드
답변 작성

(8) 10년 후 미래 사회를 예측해 보고, 자기목표와 자신의 모습을 말해 보세요.

답변 키워드
답변 작성

(9) 삶을 통해 이루고 싶은 인생의 목표 또는 꿈을 1가지 말해 보세요.

답변 키워드
답변 작성

(10) 자기계발을 위해 했던 노력을 말해 보세요.

답변 키워드
답변 작성

(11) 입사 후 자기계발 계획에 대해 말해 보세요.

답변 키워드
답변 작성

(12) 평소에 체력관리는 어떻게 하나요?

답변 키워드

답변 작성

(13) 지금까지 살아오면서 가장 열정을 갖고 해 본 일은 무엇인가요?

답변 키워드

답변 작성

(14) 오늘 면접에서 불합격 한다면 어떻게 할 건가요?

답변 키워드
답변 작성

(15) 마지막으로 하고 싶은 말이 있으면 말해 보세요.

답변 키워드
답변 작성

참고문헌

CS-PEOPLE(2005). CS는 행동이다! 서울: 도서출판두남.

김동혁, 김종헌, 마소연, 황형식(2020). 대학생을 위한 글쓰기와 말하기. 경기: 양성원.

김수인, 김윤숙, 정영미(2019). 글로벌에티켓과 이미지메이킹. 경기: 양성원.

박소연, 김민수, 백혜윤(2022). 커뮤니케이션 예절. 서울: 새로미.

범기수, 김은정, 유가기, 정혜진(2009). 자기주장성과 스피치 교육의 효과: 스피치 능력과 스피치 불안감을 중심으로. 한국소통학보, 12, 196-218.

서현경, 서현령(2020). 심리학과 함께하는 승무원 면접 지침서. 경기: 양성원.

서현경, 이기남, 권은주, 김향남(2023). 인성과 리더십. 경기: 양성원.

안명숙, 홍숙영(2020). 항공사 객실승무원 직무와 면접. 서울: 새로미.

우지은(2011). 30일 완성 목소리 트레이닝. 경기: 위즈덤하우스.

유정화, 이나영, 곽봉화(2016). Imagemaking Communication Interview. 서울: 새로미.

윤은숙, 조영신, 진경미(2015). 승무원 면접의 99%. 서울: 한올.

이수민(2014). 스피치교육이 발표력과 발표 불안감에 미치는 효과 –성격적 특성을 중심으로–. 숙명여자대학교 대학원 정보방송학 전공 석사학위논문.

이재희, 박효정, 이보람(2017). 프레젠테이션 전략. 경기: 양성원.

이지연(2019). 의사소통 액션북. 경기: 백산출판사.

임성은(2024). AI시대 소통의 기술. 경기: 양성원.

중앙고시학원(2020). 신경향 공무원 면접가이드.

퍼스트면접스피치학원(2020). 성공취업을 위한 취업면접 길잡이.

한석준(2023). 한석준의 말하기 수업. 서울: 인플루엔셜.

찾아보기

ㄱ

ㄴ

ㄷ

ㄹ

ㅁ

ㅂ

ㅍ

ㅎ

기타

저 / 자 / 소 / 개

■ 김수인

경남대학교 대학원 언론홍보학 석사
현) 경남도립남해대학 항공운항과 외래교수
전) 대한항공 부사무장
경상남도 공무원 면접위원
경상남도 인재개발원 외래교수
평창 동계올림픽 서비스 교육강사
한국관광대학교 항공서비스과 겸임교수

■ 이수민

숙명여자대학교 일반대학원 정보방송학 전공(언론학 석사)
현) SM스피치아카데미 원장
마산대학교 간호학과 겸임교수
한국장애인고용공단 직장내 장애인인식개선 강사
전) 국방부 군장병 인성교육 전문강사
2015~2019 경상남도 친절공무원 콘테스트 심사위원
경남도청, 경남지방경찰청, 창원지방경찰청 등 관공서 출강
인천국제공항 주임아나운서, 한국케이블TV 방송 앵커

스피치트레이닝과 면접실무

1판 1쇄 인쇄 ― 2025년 1월 3일
1판 1쇄 발행 ― 2025년 1월 7일

저　　자 - 김수인 이수민
발 행 인 - 강철원
발 행 처 - 양성원
주　　소 - 경기도 파주시 검산로 173번길 29-12
전　　화 - 031-946-3861(代)
팩　　스 - 031-946-3864
이 메 일 - tnwpub@naver.com
홈페이지 - tnwpub.co.kr
출판등록 - 2015년 8월 31일 제 2015-000211 호

ISBN 979-11-6126-598-8

정가 20,000원